सदाबहार कहानियाँ

AF552490

आचार्य चतुरसेन शास्त्री

सदाबहार कहानियाँः अचार्य चतुरसेन शास्त्री

ISBN : 978-93-92088-81-0

© युवान बुक्स – अनबाउंड स्क्रिप्ट का उपक्रम

प्रकाशक : अनबाउंड **स्क्रिप्ट**
बी–10, सेवेन वंडर्स बिजनेस सेंटर,
प्लॉट नं. जी–20 बेसमेंट, प्रीत विहार,
नई दिल्ली–110092

वेबसाइट : **www.unboundscript.com**
ई–मेल : **books@unboundscript.com**

Printed in India
मूल्य : रू 125 /-

सर्वाधिकार सुरक्षित लेखक/ प्रकाशक की अनुमति के बिना इस पुस्तक के अंशों का उपयोग नहीं किया जा सकता।

अनुक्रम

आचार्य चाणक्य

अब से कोई दो हज़ार वर्ष से भी अधिक पुरानी बात हम कर रहे हैं। उस समय पाटलिपुत्र में शूद्र राजा महाधननन्द सिंहासन पर विराजमान था। यह महानृपति एकराट्, एकच्छत्र था। इसके पिता महापद्मनन्द ने अपने काल के सब क्षत्रिय राजाओं का संहार करके, पुत्र के लिए एकच्छत्र राज्य निष्कण्टक किया था।

धननन्द का प्रताप प्रचण्ड था। उसके पास दो हज़ार युद्ध रथ, बीस हज़ार अश्वारोही, चार हज़ार रणोन्मत्त हाथी तथा दो लाख पदाति थे। महाविचक्षण, कूटराजनीति-विशारद वररुचि कात्यायन और सुबुद्धि शर्मा उपनाम राक्षस-उसके मंत्री थे। महापद्मनन्द से पहले, उस काल में उत्तर भारत में सोलह महाजनपद थे। इनमें से पौरव, ऐक्ष्वाकु, पांचाल, हैहय, कलिंग, अश्मक, कौरव, मिथिला, शूरसेन और वीतिहोत्र महाजनपदों

को महापद्मनन्द ने ध्वस्त किया था। इस प्रकार उसका महाराज्य, रावी नदी के पूर्वी तट को छू गया था। उन दिनों वाराणसी, पाटलिपुत्र और तक्षशिला में प्रसिद्ध विश्वविद्यालय थे, जिनमें तक्षशिला विश्वविश्रुत था। यहाँ 103 छत्रधारी राजाओं के उत्तराधिकारी राजपुत्र पढ़ते थे, तथा दिग्दिन्त के महामेधावी छात्र आते रहते थे।

चैत्र के शुक्ल पक्ष की त्रयोदशी थी। पाटलिपुत्र में उस दिन बड़ी धूमधाम थी। राज-प्रासाद में महोत्सव हो रहा था और सब नगर-नागर राजाज्ञा से आनन्द मना रहे थे। ठौर-ठौर दुन्दुभी-भेरी बज रहे थे। लोग दीन-दुखियों को अन्न-वस्त्र बाँट रहे थे। हाट-बाज़ार, घर, बाहर सभी जगह लोग आनन्दोत्सव में मग्न थे। पुर-वधुएँ मंगलगान और मंगलोपचार कर रही थीं। नगर-नागरों ने अपने-अपने घर के द्वार पर मंगल-कलश, तोरण आदि सजाये थे। वे मंगलसूचक शंखध्वनि कर रहे थे। राज-प्रासाद में बड़ा उल्लास था। जिधर देखिए उधर नृत्य-गान-पान-गोष्ठी हो रही थी। आज सभी के लिए राज-प्रासाद का प्रांगण खुला था।

सब कोई वहाँ जा-आ सकते थे-याचकों को यथेच्छ वर मिल रहा था। ठौर-ठौर बन्दीगण और कुशलवी प्रशस्ति-गान कर रहे थे। ब्राह्मण स्वस्त्ययन पाठ कर रहे थे। यज्ञ-हवन-दान-पूजन-बलि-स्तवन-जहाँ देखिए वहीं कुछ न कुछ हो रहा था। मृदंग-मन्जीर-तूणीर के निनाद से दिशाएँ पूरित हो रही थीं। आज परम आनन्द का दिन था। महाराज धननन्द की नयी रानी ने एकमात्र

महाराज्य के एकमात्र उत्तराधिकारी पुत्र को जन्म दिया था। महाराज की आज्ञा से राज्य-भर के बौद्ध विहारों, चैत्यों तथा देव-स्थानों में शिशु सम्राट् के दीर्घ जीवन की प्रार्थना हो रही थी। राज-प्रासाद में एक वृहत् राज-सभा के बीच नवजात शिशु को भारत का भावी सम्राट् उद्घोषित और अभिषिक्त किया गया था। इस समय महाराज धननन्द का प्रबल प्रताप तप रहा था। नवजात शिशु सम्राट् की अभ्यर्थना के लिए सब सामन्त, करद राज्यों के राजे, भूस्वामी तथा वणिक्-सार्थवाह बहुमूल्य उपानय लेकर आये थे। उनके लाये स्वर्णरत्न, मुद्रा, कौशेय-पाटम्बर, हाथी-घोड़ा-रथ-यान-पालकियों की राज-प्रासाद में इतनी रेलपेल हो रही थी कि उपानय वस्तुओं को यथास्थान रखने और मनुष्यों को खड़े होने का स्थान ही नहीं मिल रहा था।

उपानय भेंट अर्पण करने को राजा लोग पंक्तिबद्ध चले आ रहे थे। उनके साथ दास-दासी उपानय सामग्री लिये बोझ से दबे दिन-भर खड़े रहकर थक गये थे; पर अभी उनकी बारी ही नहीं आयी थी। दण्डधर-द्वारपाल-कंचुकी उन्हें दम-दिलासा दे रहे थे-ठहरो, अभी ठहरो! आपका उपानय भी स्वीकार होगा। और जिसका उपानय राज-प्रासाद में पहुँच जाता था, वह कृतकृत्य हो प्रासाद के रास-रंग में आनन्द-मग्न हो जाता था।

दासियाँ, गणिकाएँ सब आगन्तुकों को गन्ध-माल्य-पान से सत्कृत कर रही थीं। अतिथि उन सुन्दरियों के सान्निध्य में उनके दिये हुए चन्दन का अंगों पर लेप

किये हँस-हँसकर माध्वी-मैरेय-गौड़ीये आसव पान कर उल्लास में सराबोर हास्य-विनोद-आलिंगन का आनन्द ले रहे थे। सुवासित मदिराओं की वहाँ जैसे नदी बह रही थी। भाँति-भाँति के माँस-मिष्ठान्न-पकवान पक रहे थे और अतिथि तृप्त होकर खा-पी रहे थे। राज-पार्षद नगर में घूम-फिरकर बछड़े, मेढ़े, भैंसे, हरिण आदि पशु और आखेटक तीतर, बटेर, लावक, हरित, हंस, चक्रवाक आदि पक्षी मार-मारकर रसोई में पहुँचा रहे थे। आहार-द्रव्यों का पहाड़-सा लगा था, जो खत्म होता ही न था; और भी आता जाता था।

धीरे-धीरे संध्या हो चली। नगर असंख्य दीप-मालिकाओं से जगमगा उठा। राज-पथ पर अब भी हाथी, रथ, शकट, शिविकाओं की भरमार थी। परन्तु राज-महालय के पृष्ठ भाग की संकरी गली में अन्धेरा था। वहाँ एक स्त्री शरीर को आवेष्टन से लपेटे जल्दी-जल्दी महालय के गुप्त द्वार की ओर जा रही थी। इसी समय महालय के गुप्त द्वार की ओर से एक पुरुष निकला। पुरुष तरुण था, उसकी कमर में खड्ग बँधा था तथा बहुमूल्य कौशेय-परिधान पर वह असाधारण महार्ध रत्नाभरण धारण किये हुए था। मद्य के मद में उसके नेत्र लाल हो रहे थे-वाणी स्खलित हो रही थी और उसके पैर लड़खड़ा रहे थे। उसके साथ एक सेवक था जो उसका धनुष और तूणीर लेकर पीछे-पीछे चल रहा था।

स्त्री को आते देख उसने स्खलित वाणी से कहा, "ठहर जा, ऐ ठहर जा!"

इसके बाद उसने चर से कहा, "चरण, देख तो, यह कोई सामान्य प्रतीत होती है। सुन्दरी भी है, या यों ही टेसू है?"

चर ने आगे बढ़कर स्त्री का आवरण खींचकर उतार दिया। स्वर्ण की भाँति उसकी अंगदीप्ति से गली का अन्धकार उज्ज्वल हो उठा।

"अहा, सुन्दरी है महाराज!"

"युवती भी है या ढड्डो है?"

"नवीन वय है, यौवन का उभार खूब है!"

"तो देख, अच्छी तरह देख!"

चर ने निश्शंक अंग-प्रत्यंग टटोलने आरम्भ कर दिये, सूंघकर श्वासगंध ली। स्त्री लाज से सिकुड़ गयी और भय से थर-थर काँपने लगी।

चर ने कहा, "रमण योग्य है महाराज, गुदगुदा-संपुष्ट यौवन है!"

जिसे महाराज कहकर पुकारा गया था-वह व्यक्ति आगे बढ़ा। उसने घूरकर स्त्री को देखा-स्त्री ने फूलों का शृंगार किया था, मुख पर लोध्र-रेणु मला था, चरणों में अलक्तक, होठों पर लाक्षा-रस, कंठ में मणिहार

और कानों में हीरक-कुंडल, वक्ष पर नीलमणि जटित कंचुकी। अवस्था कोई बीस बरस। जूड़े में शेफालिका के फूल।

पुरुष ने भली भाँति ऊपर से नीचे तक निहारकर कहा, "अच्छा शृंगार किया है! सुन्दरी, चल, आज का शृंगार मुझे दे! मेरे साथ विहार कर।"

स्त्री ने भयभीत होकर कहा, "नहीं-नहीं, मेरे आज के शृंगार को खंडित मत कीजिए! आज का शृंगार मैंने महाराजाधिराज के लिए किया है।"

"मैं भी एक प्रकार से महाराजाधिराज ही हूँ! उनका भाई हूँ। क्यों रे चरण, क्या कहता है?"

"आप महाराजाधिराज हैं, महाराज!"

"बस तो ला, आज का श्रृंगार तू मुझे दे!" उस महाराज नामक व्यक्ति ने स्त्री का हाथ पकड़ लिया।

"नहीं-नहीं, मुझे छोड़ दीजिए, छोड़ दीजिए महाराज!"

"अरे चरण, इस मूर्खा को समझा! यह अपने सौभाग्य को ठुकरा रही है।"

"हतभाग्या है री तू! नहीं जानती महाराज प्रसाद में रत्नाभरण देते हैं!"

परन्तु स्त्री ने ज़ोर लगाकर अपना हाथ छुड़ा लिया और उस तरुण को पीछे धकेल दिया। तरुण मद्य के नशे में लड़खड़ा रहा था। धक्का खाकर भूमि पर गिर गया। गिरे ही गिरे उसने कहा, “पकड़ रे चरण, उसे पकड़! देख भाग न जाए।”

चरण ने आगे बढ़कर कहा, “क्या कोड़े खाएगी?”

“कोड़े नहीं रे चरण, तू अभी इसका सिर खड्ग से काट डाल, दुर्भाग्या ने इतना अच्छा माध्वी का मद मिट्टी कर दिया। काट ले इसका सिर!”

चरण ने आगे बढ़कर उसका हाथ ज़ोर से पकड़ लिया। इसी बीच उठकर, तरुण ने दो-तीन लात उसके मारी। स्त्री ज़ोर-ज़ोर से रोने लगी। गली में दस-पाँच आदमियों की भीड़ जुट गयी। भीड़ में एक ब्राह्मण भी था। ब्राह्मण बड़ा ही कुरूप, काला और दरिद्र था। उसकी कमर में एक मैली शाटिका थी, कन्धे पर मैला जनेऊ। उसके दो बड़े-बड़े दाँत होंठ से बाहर निकले हुए थे। उसकी टाँगें टेढ़ी थीं और वह कुछ लड़खड़ाता-सा चलता था। जो लोग स्त्री के आर्तनाद को सुनकर एकत्र हो गये थे, उन्होंने देखा-महाराजाधिराज महाप्रतापी धननन्द के छोटे भाई उग्रसेन से किसी स्त्री का वाद-विवाद है, तो वे सब आतंकित हो, खड़े-के-खड़े रह गये। किसी ने भी स्त्री के पक्ष में कुछ कहने का साहस नहीं किया। परन्तु ब्राह्मण ने आगे बढ़कर कहा, “कैसा विवाद है? स्त्री पर कौन अत्याचार कर रहा है?”

ब्राह्मण की धृष्ट वाणी सुनकर चरण ने कहा, "अरे ब्राह्मण, क्या तू हमारे प्रबल प्रतापी महाराज उग्रसेन को नहीं जानता, जिनके चरण-नख सब जनपद-नरपतियों के मुकुट मणियों की दीप्ति से प्रतिबिम्बित हैं? तू राज-काज में व्याघात करने वाला कौन है? भाग यहाँ से!"

परन्तु ब्राह्मण इस बात से आतंकित नहीं हुआ। उसने कहा, "राह चलती स्त्री पर अत्याचार करना, क्या राज-काज है?"

"तो अत्याचार कौन करता है ब्राह्मण, हमारे रसिक महाराज तो उससे केवल आज रात का शृंगार माँगते हैं। वे उन सब सामान्याओं को शुल्क में रत्नमणि देते हैं, जो उन्हें एक रात रति देती हैं।"

"भन्ते ब्राह्मण, मैं सामान्या नहीं हूँ, राज-महालय की दासी हूँ! महाराजाधिराज की अन्तेवासिनी हूँ!"

"तो महाराज उग्रसेन, आप इस पर बलात्कार क्यों करते हैं?"

"भन्ते ब्राह्मण, इन्होंने मुझे लात मारी है, मेरा शृंगार खंडित किया है।"

"अरी तो क्या हुआ? महाराज ने एक लात मार ही दी तो क्या हुआ? महाराज के चरण-स्पर्श से तो तू सत्कृत हो गयी। चल-चल, आज रात हमारे महाराज की अंकशायिनी हो।" चरण ने उसे हाथ पकड़कर घसीटते हुए कहा।

उग्रसेन ने कंठ से मुक्ता-माला उतारकर उसके ऊपर फेंकते हुए कहा, “ले अप्सरे, लात का मूल्य, और चल मेरे साथ!”

“नहीं, मैं नहीं जाऊँगी!”

“तो चरण, काट ले इसका सिर!”

चरण ने कोष से खड्ग खींच लिया। ब्राह्मण आगे बढ़कर स्त्री और सेवक के बीच में खड़ा हो गया। उसने कहा, “वह सामान्या नहीं है! तुम उसे बलात् नहीं ले जा सकते, उस पर अत्याचार भी नहीं कर सकते!”

उग्रसेन नशे में धुत हो रहा था। उसने लड़खड़ाते कदम उठाकर, आगे बढ़ते हुए क्रुद्ध स्वर में कहा, “क्यों नहीं ले जा सकते? हम पृथ्वी के स्वामी हैं! पृथ्वी की सब वस्तुओं के स्वामी हैं! क्यों रे चरण?”

“हाँ महाराज, आप पृथ्वी के स्वामी हैं!” चरण ने कहा।

पर ब्राह्मण पत्थर की अचल दीवार की भाँति उसके आगे खड़ा था। उसने कहा, “अरे ब्राह्मण, हट जा! तूने राजाज्ञा नहीं सुनी, मुझे इस स्त्री का सिर काट लेने दे।”

“तू मेरे रहते ऐसा नहीं कर पायेगा, रे अधर्मी शूद्र।”

“अरे हमीं को शूद्र कहता है?”

“और तेरा यह महाराज भी शूद्र है! परन्तु शूद्र यह जन्म ही से है, कर्म से तो चांडाल है!”

यह सुनकर उग्रसेन आपे से बाहर हो गया। उसने कहा, “चरण, पहले इस ब्राह्मण ही का शिरश्छेद कर!”

परन्तु ब्राह्मण ने तेजी से लपक कर ज़ोर का एक मुक्का चरण की मुष्टि पर मारा। खड्ग चरण के हाथों से छूटकर भूमि पर गिर गया। उसे फुर्ती से उठाकर, ब्राह्मण ने चरण के कन्ठ पर रखकर कहा, “अरे धृष्ट शूद्र, आ, आज तुझे देवता की बलि दूंगा!” चरण ब्राह्मण के चरणों में लोट कर गिड़गिड़ाकर प्राण-भिक्षा माँगने लगा। तब ब्राह्मण ने कहा “अच्छा, तुझे छोड़ता हूँ! इस कुलांगार राजपुत्र की बलि दूंगा!”

वह नग्न खड्ग लेकर उग्रसेन की ओर बढ़ा। उग्रसेन ने भयभीत होकर कहा, “सारा नशा खराब कर दिया।”

इसी समय महामात्य वररुचि कात्यायन, तीन-चार सशस्त्र प्रतिहारों के साथ वहाँ आ निकले। उन्हें देखते ही उग्रसेन ने चिल्लाकर कहा, “आर्य, महामात्य, यह ब्राह्मण मेरा शिरच्छेद करना चाहता है; इसे पकड़कर सूली पर चढ़ा दो!”

महामात्य वररुचि कात्यायन महावैयाकरणी और त्रिकालदर्शी ज्योतिष में पारंगत वृद्ध पुरुष थे। उनका विशाल डीलडौल, बड़े-बड़े नेत्र थे और उज्ज्वल प्रतिभा

थी। वे शुभ्र परिधान धारण किये थे। उन्होंने ब्राह्मण के निकट जाकर, उसे पहचानकर कहा, "तुम हो, विष्णुगुप्त?"

"मैं ही हूँ, आर्य कात्यायन!"

"विवाद का कारण क्या है?"

"यह इस शूद्र राजकुमार से पूछो!"

"आर्य, मैं निवेदन करती हूँ! मैं राज-दासी हूँ, महाराज के लिए मैंने शृंगार किया था। इन्होंने मेरा शृंगार खंडित कर दिया और बलात्कार से रति-याचना करते हैं। स्वीकार न करने पर, शिरच्छेद करने को उद्यत हैं।" स्त्री ने वररुचि के चरणों पर गिरकर कहा।

"तो हम भी तो महाराज ही हैं। यह स्त्री आज का श्रृंगार हमें दे, हम शुल्क देंगे।"

"कुमार, तुम्हारा व्यवहार गर्हित है, तुम इस समय सुरा-पान से मत्त हो। जाओ, राज-प्रासाद में जाओ!" कात्यायन ने कहा।

"अरे, हमारा सेवक होकर हमीं को आँखें दिखाता है! राज-कोप का भी तुझे भय नहीं है? अमात्य शकटार जैसे सपरिवार अन्धकूप में पड़ा है, वैसे ही तुझे भी अन्धकूप में डाल दूंगा!"

"राजकुमार, मैं तुम्हारे कुल का सेवक अवश्य हूँ! परन्तु मैं महान नन्द साम्राज्य का महामात्य हूँ। प्रजा का

न्याय-शासन करना मेरा कर्त्तव्य है। राजकुल के पुरुष होने के कारण मैं तुम्हारे ऊपर शासन नहीं कर सकता; परन्तु तुम्हारा प्रजा पर, प्रकट राजपथ में इस प्रकार नीति-विरुद्ध कार्य करना अन्यायपूर्ण है। जाओ, प्रासाद में जाओ!"

"इस सामान्या को मैं ले जाऊँगा। ओहो, आधा प्रहर रात्रि तो इस झगड़े ही में व्यतीत हो गयी! खैर, साढ़े तीन प्रहर ही सही! चल मेरे साथ।" उसने फिर उस स्त्री का हाथ पकड़ लिया।

स्त्री ने रोते-रोते कहा, "आर्य महामात्य, आप राज्य के रक्षक हैं। इस आततायी से एक असहाय अबला की रक्षा नहीं कर सकते?"

वररुचि ने कहा, "कुमार, छोड़ दो उसे!"

"वह कोई कुलस्त्री नहीं है!"

"न सही, स्त्री तो है!"

"तो स्त्रियाँ तो सब ही पुरुषों के लिए भोग्य हैं!"

अब तक ब्राह्मण विष्णुगुप्त खड्ग लिये चुपचाप खड़ा था। अब उसने आगे बढ़कर कहा, "तुम्हें धिक्कार है कात्यायन! तुम इस कलंकी कुल के सेवक हो- इसलिए इस राजकुमार के अत्याचार से स्त्री की रक्षा नहीं कर सकते। परन्तु मैं सेवक नहीं हूँ। मेरे रहते यह मद्यप इस स्त्री को छू भी नहीं सकता!"

"अरे ब्राह्मण, हट जा, मेरी जो इच्छा होगी करूँगा!"

कात्यायन अब खड्गहस्त होकर आगे बढ़े। उन्होंने कहा, "तुमने ठीक धिक्कारा, विष्णुगुप्त! ब्राह्मण होकर शूद्र की दासता धिक्कार योग्य ही है! पर प्रजा पर शासन तुम्हारा नहीं, मेरा काम है; आवश्यकता होगी, तो इस राजकुमार का शिरच्छेद मैं ही करूँगा!"

"सब नशा खराब कर दिया। इस अमात्य को सवेरे शकटार के पास, अन्धकूप में कैद करूँगा। चल चरण, लौट चल! ऐसा अच्छा नशा खराब हो गया!" यह कहता हुआ उग्रसेन, लड़खड़ाते पैर रखते हुए, वहाँ से चला गया।

विष्णुगुप्त ने पुकारकर कहा, "अपना यह खड्ग तो लेते जाओ, राजकुमार!" और उसने वह खड्ग हवा में उछाल दिया। फिर स्त्री से कहा, "चलो, मैं तुम्हें राज-द्वार तक पहुँचा दूँ!"

"नहीं विष्णुगुप्त, कष्ट न करो। मैं इसे अपने साथ महालय ले जाता हूँ चल शुभे, तुझे अन्तःपुर में सुरक्षित पहुँचा दूँ।" यह कहकर, महामात्य कात्यायन उस स्त्री को साथ लेकर राज-महालय की ओर चले गये। विष्णुगुप्त भी एक ओर को चल दिया। भीड़ के लोग उस कुरूप ब्राह्मण के साहस की चर्चा करते हुए तितर-बितर हो गये।

ककड़ी की कीमत

आज तो दिल्ली का सब रंग-ढंग ही बिगड़ गया है। बाजार में, मकानों में, चाल-ढाल में, सड़कों में, सब में विलायतीपन आ गया है। जब से दिल्ली भारत की राजधानी बनी है और नई दिल्ली की चकाबू को मात करने वाली विचित्र नगरी बसी है, तब से दिल्ली यद्यपि पंजाब से पृथक् अलग सूबा बन गया है, फिर भी उसमें बुरी तरह से पंजाबीपन भर गया है। नई दिल्ली जब बस रही थी, तब ढेर के ढेर पंजाबी सिख और सभी उत्साही लोग, जिन्होंने पंजाब के गेहूं और उर्द एवं चने खाकर अपने शरीर-बल को खूब वृद्धि दी है, नई दिल्ली पर चढ़ दौड़े। ठेकेदार से लेकर साधारण मजदूर तक पंजाब के साहसी पुरुष भर गए। उन्होंने नई दिल्ली में प्रारम्भ में कौड़ियों के मोल ज़मीन ली और बस गए। अब नई दिल्ली में वे सरदारजी होकर मोटर में दौड़ते हैं; वीरभोग्या वसुन्धरा। दिल्ली के महीन

आदमी न जाने कहां खो गए। अब जगह-जगह होटल खुल गए। लाइन की लाइन खालसा होटलों की दुकानें आप दिल्ली के बाजारों में देख सकते हैं, जहां झटका पकने का साइनबोर्ड लगा होगा और वहां अनगिनत सरदारगण बड़े-बड़े साफे बांधे, लम्बी दाढ़ी फटकारे, कोट, पैंट, बूट डाटे, खाट या टेबुल पर बैठे रोटियां खाते दीख पड़ते हैं। छुआछूत को तो इन्होंने डंडे मारकर दिल्ली से नज़ाकत के साथ दूर ही कर दिया है। शाम को आप ज़रा चांदनीचौक में एक चक्कर लगाइए। पंजाबी युवतियां और प्रौढ़ाएं बारीक दुपट्टा माथे पर डाले, सलवार डाटे, मुंह खोले बेफिक्री से कचालू वाले के इर्द-गिर्द बैठकर कचालू-आलू खाती नज़र आएंगी।

कभी-कभी ब्याह-शादी के जलूसों में जौहरियों की वह देहलवी नुक्केदार पगड़ियां कुछ पुराने सिरों पर नज़र आ जाती थीं। परन्तु वह नीमास्तीन अंग-रखे, वसली के जूते, दुपल्ली दो माशे की टोपी, बगल में महीन शर्बती का दुपट्टा तो बिलकुल हवा हो गए हैं। सरदे के दामन और सफेद शर्बती की चादरें लपेटे अब दिल्ली की ललनाएं नहीं दीख पड़तीं। न अब वे जड़ाऊ ज़ेवर ही उनके बदन पर दीख पड़ते हैं जिनकी बदौलत दो हजार जड़िए और पांच हजार सुनार दिल्ली से अपनी रोज़ी चलाते थे। अब तो बारीक क्रेप की फैशनेविल साड़ियां, उनपर नफासत से कढ़ी हुई बेलें, बिना आस्तीन के जम्पर, जिनमें से आधी छाती और समूची मृणाल-भुजाएं खुला खेल खेलती हैं, साथ में ऊंची एड़ी के रंग-बिरंगे सैंडिल- जूते, चांदनीचौक में देखते-देखते

आँखें थक जाती हैं। देश की इन पर्दाफाश बहिनों में सुशिक्षिताएं तो बहुत ही कम हैं। ज्यादातर मोर का पंख खोंसकर मोर बनने- वाले कौए जैसी हैं। इसका पता उनके चेहरे पर पुते हुए फूहड़ ढंग के पाउडर से, होंठों में खूब गहरे लगे गुलाबी रंग से, तीव्र सेंट से, तराबोर चटकीले रेशमी रूमाल से, बालों में चमचमाते नकली जड़ाऊ पिनों से अनायास ही लग जाता है। कभी- कभी तो इन अधकचरी मेमसाहिबा की कोमल कलाइयों में दिल्ली फैशन के सोने के दस्तबन्दों और अनगिनत चूड़ियों के बीच फैन्सी रिस्टवाच तथा पैरों के जेवरों पर ऊंची एड़ी का सैंडिल शू मन में अजब हास्यरस उत्पन्न करता है ; खासकर उस हालत में जबकि उनके पालतू पति महाशय पतलून पर लापरवाही से स्वेटर पर कोट डाले उनके पीछे-पीछे उनकी खरीदी चीजों का बंडल लिए बड़े उल्लास से चलते-फिरते और मुसाहिबी करते नजर आते हैं ।

३८ वर्ष हुए। उस समय दिल्ली के चांदनीचौक में, अब जहां अगल-बगल पैदल चलने वालों के लिए पटरियां बनी हैं, वहां सड़कें थीं। सड़कें कंकड़ की थीं। उनमें बहली, मझोलियां, इक्के सरपट दौड़ा करते थे । दोनों समय उन सड़कों पर छिड़काव हुआ करता था । बीचोंबीच अब जहां चमचमाती सीमेंट की पुख्ता सड़क है, नहर पर पटरी बनी थी। उसके दोनों ओर खूब घने वृक्षों की छाया थी । ज्येष्ठ- बैसाख की दोपहरी में भी वहां शीतल वायु के झोंके आया करते थे। उस पटरी पर बड़ी-बड़ी भीमकाय बेतों की छतरियां लगाए खोंचेवाले

अपनी-अपनी छोटी-छोटी दुकानें लिए बैठे रहते थे। उनमें बिसाती टोपीवाले, टुकड़ीवाले, घी के सौदेवाले, दहीबड़ेवाले, चने की चाटवाले, कचालूवाले, मेवाफरोश तथा फल- वाले सभी होते थे। उनसे भी छोटे दुकानदार अपनी छोटी-सी दुकान को किसी टोकरी में सजाए गले में लटकाए घूम-फिरकर सौदा बेचा करते थे। सैकड़ों आदमी उन वृक्षों की घनी छाया में पड़े हुए थकान उतारा करते थे। घंटाघर के सामने कमेटी की संगीन इमारत के आगे अब जहां महारानी विक्टोरिया की मूर्ति रखी हुई है, वहां काले पत्थर का एक विशालकाय हाथी खड़ा था, जिसे जयमल फत्ते का हाथी कहकर बूढ़े आदमी उस पटरी पर वृक्षों की ठंडी छाया में लेटे उनींदी आँखों में खमीरी तम्बाखू का मद भरे भांति-भांति के किस्से-कहानी कहा करते थे। दिल्ली के निवासियों की बोली में एक अजीब लोच था । खोंचेवालों की आवाजें भी एक से एक बढ़कर होती थीं। सब्जी-तरकारियों में जो पहले चलती, वही दिल्ली के रईस खाते थे। भिंडी और करेले जब तक रुपये सेर बिकते थे, कच्ची आम की कैरियां जब तक बारह आने सेर बिकती थीं, तभी तक वे दिल्लीवालों के खाने की चीज़ समझी जाती थीं। सस्ती होने पर उन्हें कोई नहीं पूछता था। बेर के मौसम में लोग बेरों को चाकू से छीलकर उन पर चांदी का वर्क लपेटकर खाते थे । लताफत और नज़ाकत हर एक बात में थी। जैसे वे महीन आदमी थे, वैसे ही उनका रहन-सहन भी था।

फागुन लग गया था। वसन्त पुज चुका था। सर्दी कम हो गई थी। वासन्ती हवा मन को हरा कर रही थी। बाजार में नर्म-नर्म पतली ककड़ियों के कूजे विकने आने लगे थे । पर उनके दाम काफी महंगे थे इसलिए यह रईसों का ककड़ी खाने का मौसम था। एक जवान कुंजड़ा सिर पर नारंगी साफा बेपरवाही से बांध, वदन पर तंजेब का ढीला कुरता पहने, गले में सोने की छोटी-सी तावीज़ काले डोरे में लटकाए, आँखों में सुरमा और मुंह में पानों की गिलौरियां दबाए कमर में चौखाने का तहमत और पैर में फूलदार सलेमशाही आधी छटांक का जूता पहने ककड़ियां बेचता पटरी पर मस्तानी अदा से घूम रहा था। उसके हाथ में झाऊं की एक सूफियानी चौड़ी टोकरी थी। उस पर केले के हरे पत्तों पर गुलाब के फूलों के बीच ककड़ी के दो रवे रखे थे। टोकरी उसके दाहिने हाथ में अधर धरी थी। वह अपनी मस्त आंखों से इधर-उधर घूरता झूमती-झूमती ललकती भाषा में आवाज़ लगाता था, नाजुक ये ककड़ियां ले लो ...लैला की उंगलियां ले लो... मजनूं की पसलियां ले लो । नाजुक ये ककड़ियां ले लो। पीछे से आवाज़ आई, ककड़ीवाले, जरा वरे को आना। उसी भांति मस्तानी अदा से पुकारता हुआ ककड़ीवाला पीछे को फिरा। पुकारने वाला कहार था। वह एक बुढ्डा आदमी था। उसकी सफेद-सफेद बड़ी मूछें, पक्का रंग, लट्ठे की मिर्ज़ई, दुपल्ली टोपी और चौखाने का अंगोछा कंधे पर पड़ा हुआ था।

ककड़ियों को देखकर उसने कहा-सिर्फ दो ही रवे हैं ?

'अभी ककड़ियां कहां? वह तो कहो, मैं चार रवे लाया था। दो बिक गए, दो ये हैं। लेना हो तो लो, मोलभाव का काम नहीं, चवन्नी लूंगा।'

बूढ़ा कहार अभी नहीं बोला था। एक युवक ने तीव्र आवाज़ में कहा-अठन्नी लो जी, ककड़ियां हमें दो।

पहलवान युवक भी कहार था। उसकी मसें अभी भीगी थीं। भुजदण्डों में मछलियां उभर रही थीं। उसने हेरती हुई आँखों से बूढ़े कहार की ओर देखा और अठन्नी ठन से झाबे में फेंक दी। 'सौंदा हमसे हुआ है जी, ककड़ियां हम लेंगे। यह लो एक रुपया। ककड़ियां हमें दो।'

कुंजड़ा क्षण-भर स्तम्भित रहा। उसने प्रश्नवाचक दृष्टि से युवक की ओर देखा। युवक ने कहा-कुछ परवाह नहीं, हम दो रुपये देंगे।

'हम पांच रुपए देते हैं।'

'हम दस देते हैं।'

'यह लो बीस रुपये। ककड़ी तो हम खरीद चुके।'

'पच्चीस हैं यह, ककड़ी हमने ले ली।'

'हमने तीस दिए। युवक के माथे पर बल पड़ गए। उसने कहा-हम पचास में खरीदते हैं। लाओ ककड़ियां

इधर दो। बूढ़े कहार ने हंस दिया और आज्ञा की दृष्टि से युवक की ओर देखकर ज़रा सीधा खड़ा होकर उसने तेज़ स्वर में कहा-मैंने सौ रुपये में दोनों ककड़ियां खरीद लीं।

युवक कहार क्षण-भर घबराई दृष्टि से बूढ़े की ओर देखता रहा। बूढ़े ने विजय- गर्वित दृष्टि से उसे घूरते हुए कहा-दम हो तो बढ़ो आगे। ककड़ियां पांच हजार तक मेरे यहां जाएंगी।

सैकड़ों आदमी इकट्ठे हो गए थे। युवक लज्जा और क्रोध से भरकर चुपचाप चल दिया। सैकड़ों कण्ठों से नारा बुलन्द हुआ-वाह भाई, महरा, क्यों न हो ? आखिर तू है किस घराने का नौकर, जो इस समय दिल्ली की नाक है। शावाश!

बूढ़े ने कमर से रुपये खोलकर गिन दिए। ककड़ियां लीं और इस भांति अपने मालिक के घर को चला, जैसे वह एक राज्य विजय कर लाया हो।

बूढ़े ने अपने मालिक लाला जगतनारायणजी के सामने जाकर फूलों और केले के पत्तों में लिपटी हुई ककड़ियां रख दीं। शाम हो चली थी।

लालाजी ने पूछा-क्या दो ही मिलीं ?

'जी हां, बाजार-भर में सिर्फ दो ही ककड़ियां थीं। जिन्हें आपका सेवक सौ रुपये में खरीद लाया है।'

इसके बाद कहार ने जो घटना बाज़ार में घटी थी, सब कह सुनाई । लाला ने सब सुना । क्षण-भर वे स्तम्भित रहे। क्षण-भर बाद उन्होंने अपने गले से सोने का तोड़ा उतारकर बूढ़े के गले में डाल दिया और उसके बदन को दुशाले में लपेटकर स्वयं भी उससे लिपट गए। उनकी आंखों से आंसुओं की धारा बह निकली। उन्होंने गद्गद कण्ठ से कहा-शाबाश मेरे प्यारे रामदीन, तुमने बाज़ार में मेरी प्रतिष्ठा बचा ली। इसके बाद उन्होंने चांदी की तश्तरी में ककड़ियों को उन्हीं गुलाब के फूलों में रखकर ऊपर कमख्वाब का एक रूमाल ढांककर कहा-जाओ, लाला शिवप्रसादजी से मेरा जयगोपाल कहना, और कहना कि आपके सेवक ने यह प्रेम की सौगात भेजी है और हाथ जोड़कर अर्ज की है कि स्वीकार करके इज़्ज़त अफजाई करें।

युवक से सब घटना सुनकर शिवप्रसादजी चुपचाप मसनद पर लुढ़क गए। मुंह की गिलौरी उन्होंने थूक दी। नौकर-चाकर चिन्तित हुए। पर कोई कुछ नहीं कह सकता था। थोड़ी ही देर में बूढ़े रामदीन ने आकर अदब से आगे बढ़कर तश्तरी लाला शिवप्रसादजी के सामने रख दी और हाथ जोड़कर अपने मालिक का संदेश भी निवेदन कर दिया। लाला शिवप्रसादजी चुपचाप एकटक तश्तरी में रखी दोनों ककड़ियों को देखते रहे। कुछ देर बाद उन्होंने ककड़ियां भीतर भिजवा दी और तश्तरी अशर्फियों से भरकर कहा-यह तुम्हारा इनाम है। लाला जगतनारायणजी से हमारा जयगोपाल कहना।

बूढ़े रामदीन ने झुककर सलाम किया और चला आया।

खूनी

उसका नाम मत पूछिये। आज दस वर्ष से उस नाम को हृदय से और उस सूरत को आँखों से दूर करने को पागल हुआ फिरता हूँ। पर वह नाम और वह सूरत सदा मेरे साथ है। मैं डरता हूँ, वह निडर है--मैं रोता हूँ--वह हँसता है--मैं मर जाऊँगा--वह अमर है।

मेरी उसकी कभी की जान पहचान न थी। दिल्ली में हमारी गुप्त सभा थी। सब दल के आदमी आये थे, वह भी आया था। मेरा उसकी ओर कुछ ध्यान न था। वह मेरे पास ही खड़ा एक कुत्ते के पिल्ले से किलोल कर रहा था। हमारे दल के नायक ने मेरे पास आकर सहज गम्भीर-स्वर में धीरे से कहा "इस युवक को अच्छी तरह पहचान लो, इससे तुम्हारा काम पड़ेगा।"

नायक चले गये-और मैं युवक की ओर झुका-मैंने समझा शायद नायक हम दोनों को कोई एक काम सुपुर्द करेगा।

मैंने उससे हँस कर कहा "कैसा प्यारा जानवर है!" युवक ने कच्चे दूध के समान स्वच्छ आँखें मेरे मुख पर डाल कर कहा, "काश ! मैं इसका सहोदर भाई होता!" मैं ठठा कर हँस पड़ा। वह मुसकुरा कर रह गया । कुछ बातें हुई। उसी दिन वह मेरा मित्र बन गया।

दिन पर दिन व्यतीत हुए। अछूते प्यार की धरायें दोनों हृदयों में उमड़ कर एक धार हो गयीं। सरल-अकपट व्यवहार पर दोनों मुग्ध हो गये। वह मुझे अपने गाँव में ले गया। किसी तरह न माना। गाँव के एक किनारे स्वच्छ अट्टालिका थी। वह गाँव के जमींदार का बेटा था। इकलौता बेटा था। हृदय और सूरत का एक सा, उसकी माँ ने दो दिन में ही मुझे बेटा कहना शुरू कर दिया। अपने होश के दिनों में मैंने वहाँ सात दिन माता का स्नेह पाया। फिर चला आया। अब तो बिना उसके मन न लगता था। दोनों के प्राण दोनों में अटक रहे थे। एक दिन उन्मत्त प्रेम के आवेश में उसने कहा था "किसी अघट घटना से जो हम दोनों में से एक स्त्री बन जाए तो मैं तो तुमसे ब्याह ही कर लूँ।"

नायक से कई बार पूछा, क्यों तुमने मुझे उससे मित्रता करने को कहा था। वह सदा यही कहते-समय पर जानोगे । गुप्त सभा की भयंकर गम्भीरता सब लोग नहीं जान सकते। नायक मूर्तिमान भयंकर गम्भीर थे।

उस दिन भोजन के बाद उसका पत्र मिला है वह मेरी पाकेट में अब भी धरा है। पर किसी को दिखाऊँगा नहीं। उसे देख कर दो सांस सुख से ले लेता हूँ। आँसू बहा कर हल्का हो जाता हैं। किसी पुराने रोगी को जैसे कोई दवाई खुराक बन जाती है मेरी वेदना को भी यह चिट्ठी खुराक बन गई है।

चिट्ठी पढ़ भी न पाया था। नायक ने बुलाया। मैं सामने सरल स्वभाव खड़ा हो गया। बारहों प्रधान हाजिर थे। सन्नाटा भीषण सत्य की तस्वीर खींच रहा था। मैं एक ही मिनट में गम्भीर और दृढ़ हो गया। नायक की मर्म भेदनी दृष्टि में नेत्रों में गढ़ गई-जैसे तप्त लोहे के तीर आँख में घुस गये हों। मैं पलक मारना भूल गया-मानो नेत्र में आग लग गई हो। पाँच मिनट बीत गये। नायक ने गम्भीर वाणी से कहा "सावधान! क्या तुम तैयार हो?"

मैं सचमुच तैयार था। मैं चौंका नहीं। आखिर मैं उसी सभा का परीक्षार्थी सभ्य था। मैंने नियमानुसार सिर झुका दिया। गीता की रक्त वर्ण रेशमी पोथी धीरे से मेज पर रख दी गई, नियम पूर्वक मैंने दोनों हाथों से उठा कर उसे सिर पर चढ़ाली।

नायक ने मेरे हाथ से पुस्तक ले ली। क्षण भर सन्नाटा रहा। नायक ने एकाएक उसका नाम लिया और क्षण भर में ६ नली पिस्तौल मेज पर रख दी।

वह छः अक्षरों का शब्द उस पिस्तौल की छहों गोलियों की तरह मस्तक में घुस गया। पर मैं कम्पित न हुआ। प्रश्न करने और कारण पूछने का निषेध था। नियम पूर्वक मैंने पिस्तौल उठा कर छाती पर रक्खी और स्थान से हटा।

तत्क्षण मैंने यात्रा की। वह स्टेशन पर हाजिर था। अपने पत्र और मेरे प्रेम पर इतना भरोसा उसे था। देखते ही लिपट गया। घर गये, चार दिन रहे। वह क्या कहता है, क्या करता, है। मैं देख सुन नहीं सकता था। शरीर

सुन्न हो गया था-- आत्मा दृढ़ थी--हृदय धड़क रहा था पर विचार स्थिर थे।

चौथे दिन प्रातःकाल जलपान करके हम स्टेशन पर चले। ताँगा नहीं लिया, जंगल में घूमते जाने का विचार था। काव्यों की बढ़-बढ़ कर आलोचना होती चलती थी। उस मस्ती में वह मेरे मन की उद्विग्नता भी न देख सका। धूप और खिली। पसीने बह चले। मैंने कहा चलो, कहीं छांव में बैठे। घनी कुंज सामने थी। वहीं गये। बैठते ही जेब से दो अमरूद निकाल कर उसने कहा "सिर्फ दो ही पके थे घर के बगीचे के हैं-यहीं बैठ कर खाने के लिये लाया था---एक तुम्हारा--एक मेरा ।" मैंने चुपचाप अमरूद लिया और खाया। एकाएक मैं उठ खड़ा हुआ। वह आधा अमरूद खा चुका था। उसका ध्यान उसी के स्वाद में था। मैंने धीरे से पिस्तौल निकाली घोड़ा चढ़ाया--और कम्पित स्वर में उसका नाम लेकर कहा--- "अमरूद फेंक दो और भगवान् का नाम लो। मैं तुम्हें गोली मारता हूँ।"

उसे विश्वास न हुआ-उसने कहा "बहुत ठीक, पर इसे खा तो लेने दो। मेरा धैर्य छूट रहा था। मैंने दबे कण्ठ से कहा "अच्छा खा लो।" खा कर वह खड़ा हो गया। सीधा तनकर फिर उसने कहा "अच्छा मारो गोली। मैंने कहा, "हँसी मत समझो, मैं तुम्हें गोली ही मारता हूँ। भगवान् का नाम लो।" उसने हँसी में ही भगवान का नाम लिया और फिर वह नकली गम्भीरता से खड़ा हो गया। मैंने एक हाथ से अपनी छाती दबा कर कहा- ''ईश्वर की सौगन्ध! हँसी मत समझो मैं तुम्हें गोली मारता हूँ।"

मेरी आँखों में वही कच्चे दूध के समान स्वच्छ आँखें मिला कर उसने कहा "मारो।"

एक क्षण भर भी विलम्ब करने से मैं कर्तव्य विमुख हो जाता? पल-पल में साहस डूब रहा था। दनादन दो शब्द गूँज उठे-वह कटे वृक्ष की तरह गिर पड़ा। दोनों गोली छाती को पार कर गईं।

मैं भागा नहीं। भय से इधर-उधर मैंने देखा भी नहीं। रोया भी नहीं । मैंने उसे गोद में उठाया। मुंह की धूल पोंछी। रक्त साफ किया। आँखों में इतनी ही देर में कुछ का कुछ हो गया था। देर तक के लिये बैठा रहा- जैसे मां सोते बच्चे को जागने के भय से-लिए निश्चल बैठी रहती है।

फिर मैं उठा। ईंधन चुना--चिता बनाई--और जलाई। अन्त तक वहीं बैठा रहा।

बारहों प्रधान हाजिर थे। उसी स्थान पर जाकर मैं खड़ा हुआ। नायक ने नीरव हाथ बढ़ा कर पिस्तौल माँगो। पिस्तौल दे दीं। कार्य सिद्धि का संकेत सम्पूर्ण हुआ। नायक ने खड़े होकर वैसे ही गम्भीर स्वर में कहा "तेरहवें प्रधान की कुर्सी हम तुम्हें देते हैं।" मैंने कहा "तेरहवें प्रधान की हैसियत से मैं पूछता हूँ कि उसका अपराध मुझे बताया जाए।"

नायक ने नम्रता पूर्वक जवाब दिया--"यह हमारे हत्या सम्बन्धी षड्यन्त्रों का विरोधी था। हमें उस पर सरकारी मुखबिर होने का सन्देह था।" मैं कुछ कहने योग्य न रहा। नायक ने वैसी ही गम्भीरता से कहा

"नवीन प्रधान की हैसियत से तुम यथेच्छ एक पुरस्कार मांग सकते हो।"

अब मैं रो उठा। मैंने कहा--मुझे मेरे वचन फेर दो, मुझे मेरी प्रतिज्ञाओं से मुक्त करो, मैं उसी के समुदाय का हूँ। तुम लोगों में नंगी छाती पर तलवार के घाव खाने की मर्दानगी न हो तो तुम अपने को देश भक्त कहने में संकोच करो। तुम्हारी इन कायर हत्याओं को मैं घृणा करता हूँ। मैं हत्यारों का साथी-सलाही और मित्र नहीं रह सकता--तुम तेरहवीं कुर्सी को जला दो।

नायक को क्रोध न आया। बारह प्रधान पत्थर की मूर्ति की तरह बैठे रहे। नायक ने उसी गम्भीर स्वर में कहा "तुम्हारे इन शब्दों की सजा मौत है। पर नियमानुसार तुम्हें क्षमा पुरस्कार में दी जाती है।"

मैं उठ कर चला गया। देश भर में घूमा, कहीं ठहरा नहीं। भूख प्यास, विश्राम और शान्ति की इच्छा ही मर गयी दीखती है। बस अब वही पत्र मेरे नेत्र और हृदय की रोशनी है । मेरा वारण्ट निकला था--मन में आई फाँसी पर जा चढ़ू फिर सोचा-मरते ही उस सज्जन को भूल जाऊँगा। मरने में अब क्या स्वाद है ? जीना ही चाहता हूँ। किसी तरह सदा जीते रहने की लालसा मन में बसी हैं। जीते जी ही मैं उसे देख और याद रख सकता हूँ।

प्रतिशोध

मैं रेलगाड़ी द्वारा यात्रा करने के समय अपने सहयोगियों से बहुत कम बोलता हूं। आसपास के प्राकृतिक सौन्दर्य-दर्शन से जब जी उचटता है तो कोई पुस्तक पढ़ने लगता हूं या आंखें मूंदकर सो जाता हूं। इसलिए जब कलकत्ता से दिल्ली के लिए चलने लगा तो अलमारी से कुछ अच्छे उपन्यास और दो-तीन मासिक पत्र हैण्डबेग में रख लिए, ताकि कल सवेरे पटना से आगे की यात्रा प्रारम्भ होने पर साहित्य-चर्चा में ही समय बिता दूंगा। परन्तु मेरी यह भविष्य-चिन्ता बिलकुल बेकार साबित हुई। क्योंकि पटना जंकशन पर गाड़ी के डिब्बे का द्वार खोलकर अन्दर पैर रखते ही पंडित मुरलीधर ने उच्च स्वर से 'स्वागतम् महाभाग' कहने के पश्चात् प्रश्न किया-क्यों, कहां चले?'

मैंने हाथ जोड़कर पंडितजी को प्रणाम करने के बाद कहा-मैं तो दिल्ली जा रहा हूं और आप?

'मैं भी कानपुर होकर मथुरा जाऊंगा। यमद्वितीया के अवसर पर विश्रामघाट पर स्नान होंगे। यहां एक मित्र से मिलने आया था। आप खूब मिले, आनन्द से यात्रा होगी।'

इसके बाद विस्तरा खोलकर उन्होंने खाली बेंच पर फैला दिया और इतमीनान से बैठकर सूंघनी सूंघने लगे। तीर्थ-स्थानों का प्रसंग छिड़ा। पंडितजी ने बाबा विश्वनाथ की पुरी का वर्णन प्रारम्भ किया। काशी तीन लोक से न्यारी है। कहने को तो लोग प्रयाग को तीर्थराज कहते हैं, शास्त्रों ने उसकी महिमा का भी बहुत बखान किया है। परन्तु काशी-सी चहल-पहल वहां कहां? काशी को देख लिया तो समझ लो कि सारे भारतवर्ष की सैर हो गई! क्यों आपकी क्या राय है?

मैंने मुस्कराते हुए कहा--इसमें क्या सन्देह।

इसके बाद मथुरा तो आपने देखा ही होगा। कानपुर कैसा शहर है? लखनऊ के नवाबों ने भी खूब ऐश किए। भई, सच पूछो तो नवाबी का आनन्द जैसे वाजिदअलीशाह ने लूटा वैसा शायद ही किसी बादशाह या नवाब को नसीब हुआ हो। इसके बाद स्वराज्य कब मिलेगा, आन्दोलन का क्या हाल है? कलकत्ता में क्या हो रहा है? इत्यादि।

तात्पर्य यह कि पण्डितजी का प्रत्येक प्रश्न एक विस्तृत विवरण का मुहताज था। मैं अपनी जानकारी के अनुसार उन प्रश्नों का उत्तर देता रहा। बीच-बीच में जिरह भी होती रही और प्रतिवाद भी।

दिल्ली एक्सप्रेस अपनी पूरी चाल से जा रहा था। मैं प्रकृति की शोभा देखता और पण्डितजी के गूढ़ प्रश्नों का यथासाध्य उत्तर भी देता जाता था। पण्डितजी ने पटना का वर्णन प्रारम्भ किया। उसका ऐतिहासिक विवरण भी सुनाने लगे और एक से एक कठिन प्रश्न भी करते जाते थे। अन्त में उनकी बातों और प्रश्नों से ऊबकर मैंने हैण्डबेग खोलकर 'विशाल भारत' की एक प्रति निकाली और पण्डित बनारसीदासजी चतुर्वेदी का लिखा हुआ 'श्रद्धेय गणेशजी' शीर्षक लेख पढ़ने लगा। अमर शहीद की पवित्र स्मृति ने हृदय में एक विचित्र स्पन्दन पैदा कर दिया। चतुर्वेदी जी के सीधे-सादे शब्दों में, आडम्बरहीन भाषा में एक गम्भीर वेदना भरी हुई थी। पढ़ते-पढ़ते मेरी आंखें छलछला उठीं। इतने में पण्डितजी ने पास ही पड़ी हुई 'माधुरी' की प्रति खींच ली और द्विजश्याम की 'गङ्गे' शीर्षक कविता उच्च स्वर से गा-गाकर पढ़ने लगे। हमारी गाड़ी मुगलसराय की ओर दौड़ रही थी। उसकी घड़घड़ाहट और पण्डितजी के पंचम स्वर ने एक विचित्र ध्वनि पैदा कर दी और दो यात्री जो पास की बेंचों पर मुंह छिपाए सो रहे थे, कुलबुलाने लगे।पहले एक वृद्धा ने रज़ाई से मुंह निकाला। इसके बाद दूसरी बेंच में दुशाला से मुंह निकालकर एक युवती ने चकित दृष्टि से पहले पण्डितजी की ओर फिर मेरी ओर देखा। महिला की दृष्टि में स्वाभाविकता थी। वह अंगड़ाई लेकर उठ बैठी और मेरा ध्यान अपनी ओर आकर्षित करके बोली--बाबूजी, क्षमा कीजिएगा। क्या पटना का स्टेशन निकल गया?

मैंने उत्तर दिया--हां, बड़ी देर हुई।

थोड़ी देर चुप रहने के बाद उसने पण्डितजी की ओर देखकर प्रश्न किया--

अब चाय कहां मिलेगी?

परन्तु जब पण्डितजी ने उसके प्रश्न का कुछ उत्तर देने के बदले भ्रू कुञ्चित करके उसकी ओर से अपना मुंह फेर लिया तो मैंने कहा-मुगलसराय आ गया है, वहां आपको चाय मिल जाएगी।

उसने कृतज्ञतापूर्ण दृष्टि से मेरी ओर देखकर पूछा- आप कहां जा रहे हैं?

मैंने उत्तर दिया-दिल्ली।

इसके बाद और कई प्रश्न हुए। जैसे वहां आप क्या करते हैं? निवास-स्थान कहां है? आपका शुभ नाम? इत्यादि।

मैं बहुत थोड़े शब्दों में उसके प्रश्नों का उत्तर देता जा रहा था । इतने में गाड़ी आकर मुगलसराय के स्टेशन पर खड़ी हो गई। स्त्री ने एक हिन्दू चायवाले से एक कुल्हड़ चाय लेकर पी। इसके बाद एक सिगरेट जलाकर पीते-पीते बोली-पण्डितजी, आपका गाना तो बड़ा सुन्दर हो रहा था, परन्तु आपने बन्द क्यों कर दिया? गाइए!

बेचारे पण्डितजी तो पहले से ही उसकी लापरवाही और बातचीत करने का ढंग देखकर नाक-भौं सिकोड़

बैठे थे। उसपर से गाने की फरमाइश सुनी तो और भी अप्रसन्न हुए और घृणासूचक दृष्टि से उसकी ओर देखकर मुंह फेर लिया।

पण्डितजी का यह भाव देखकर बड़ी मुश्किल से मुझे अपनी हंसी रोकनी पड़ी। थोड़ी देर के बाद मैंने पण्डितजी से पूछा-आखिर आप नाराज़ क्यों हो रहे हैं ?

उन्होंने क्रुद्ध होकर उत्तर दिया-चुप भी रहो। एक भ्रष्टा, कुलटा से बातें करते तुम्हें लज्जा भी नहीं आती! राम-राम !

पण्डितजी की इस बात पर मैं तो मुस्कराकर चुप हो गया। परन्तु बेचारी रमणी कुछ खिन्न-सी हो गई और वेदना-भरे स्वर में बोली-हां पण्डितजी, मैं एक कुलटा स्त्री हूं, रण्डी हूं। भगवान ने मुझे इस अवस्था में डाल दिया है।

अन्तिम बात कहते-कहते उसकी आंखों से दो बूंद प्रांसू निकलकर उसके गुलाबी गालों पर लुढ़क गए।

मेरे लिए वह दृश्य बड़ा ही मर्मवेधी था, परन्तु पण्डितजी ने घृणा-व्यंजक हंसी के साथ मुझसे कहा-ओहो, देखा यह ढोंग!

अब मुझसे नहीं रहा गया। मैंने किंचित् भर्त्सना के साथ पण्डितजी से कहा-

जाने दीजिए, क्यों बेचारी को तंग कर रहे हैं। कोई अच्छा हो या बुरा, आपका क्या लेता है ?

इसके बाद स्त्री को आश्वासन देता हुआ मैं बोला-आप नाहक दुखी हो रही हैं । यह तो संसार है। कोई किसीको अच्छा समझता है और कोई बुरा। वास्तविक अच्छाई या बुराई की परख करनेवाले यहां बहुत थोड़े हैं।

उसने एक दीर्घ निःश्वास के बाद कहा-वास्तव में मैं एक भ्रष्टा स्त्री हूं और आबरू बेचकर पेट पालती हूं। परन्तु मैंने क्यों इस निकृष्ट पथ का आश्रय लिया है, यह पूछनेवाला इस संसार में कोई नहीं है, मुझे यही दुःख है ।

पण्डितजी एक विजयी वीर की तरह उसकी बातें सुनकर मुस्करा रहे थे।परन्तु मैंने उसके कष्ट का अनुभव किया और इस प्रसंग को यहीं समाप्त कर देने की इच्छा से बोला-आप कितनी ही पथ-भ्रष्ट क्यों न हों, परन्तु आपके अन्दर एक पवित्र हृदय है।

'और नसों में रक्त भी!'

उसने उत्तेजित स्वर से मेरे अधूरे वाक्य को पूरा किया। उसका चेहरा क्रोध से तमतमा उठा था और गालों की लालिमा स्वाभाविकता की सीमा का उल्लंघन कर रही थी।

उसने एक बार तीव्र दृष्टि से पण्डितजी की ओर देखकर कहा- मुझे भ्रष्टा कहनेवाले हैं, नीच हैं। अपने को पवित्रता और भद्रता के बाह्याडम्बर में छिपाने वाले भ्रष्ट हैं। धर्म-ढोंगी, दूसरों को पवित्रता का उपदेश देने वाले सब नीच हैं। सारा समाज नीच है। मैंने समाज

को, विशेषकर हिन्दू समाज को, जहां पवित्रता की डींग मारने वालों की भरमार है, अच्छी तरह देख लिया है। सारे समाज में 'पर उपदेश कुशल बहुतेरे' भरे पड़े हैं। वे दूसरे की आंखों की फूली देखते हैं, परन्तु अपनी आंखों का शहतीर नहीं देखते। यहां पण्डित के वेष में, धर्म-ध्वजी के वेष में, साधु और महात्मा के वेष में, हज़ारों नहीं, लाखों पापी, पाखण्डी मौजूद हैं। वे लोगों की आंखों में धूल झोंककर दुराचार करते हैं और मैं प्रत्यक्ष'

बोलते-बोलते उसकी आवाज़ लड़खड़ाने लगी, आंखें लाल हो गईं और शरीर थरथराने लगा। मुझे भय हुआ कि कहीं उसे गश न आ जाए। मैंने उसके साथ की बुढ़िया से कहा-देखती क्या हो, एक गिलास पानी पिलाकर इन्हें लिटा दो। इनका मस्तिष्क कुछ गरम हो गया है। अब अधिक बोलेंगी तो बेहोश हो जाएंगी।

बुढ़िया ने मेरे आदेश का अक्षरशः पालन किया। पण्डितजी सन्नाटे में आकर मेरा मुंह ताक रहे थे। थोड़ी देर के बाद बोले-अगले स्टेशन पर गाड़ी खड़ी हो तो हम लोगों को दूसरे डिब्बे में चले जाना चाहिए। इस स्त्री का मस्तिष्क कुछ विकृत मालूम पड़ता है।सम्भव है, कोई उत्पात कर बैठे।

मैंने पण्डितजी की बातों का कोई उत्तर नहीं दिया। मन में विचित्र प्रकार की भाव-तरंगें उठ रही थीं। हिन्दू-समाज पर रमणी ने जो आक्षेप किए थे, वे मानो कानों में गूंज रहे थे। मैं अपनी सामाजिक अवस्था पर विचार करने लगा। मेरी दृढ़ धारणा हो गई कि यह रमणी

समाज की सताई हुई है। किसी सामाजिक रूढ़ि ने ही इसे वेश्या--जीवन व्यतीत करने के लिए विवश किया है। यह कैसे वेश्या बनी, पहले कौन थी, यह जानने के लिए मैं उत्सुक होने लगा। गाड़ी वेतहाशा भागी जा रही थी और मेरे मन-महाराज भी अपने खयाली घोड़ों पर चढ़े सरपट दौड़ रहे थे। अगला स्टेशन पाया और निकल भी गया।

एक घण्टा योंही गुज़र गया। रमणी फिर उठ बैठी। उसके चेहरे पर स्वाभाविक शान्ति विराज रही थी। भीषण तूफान के बाद मानो प्रकृति ने निस्तब्ध भाव धारण कर लिया हो। मैंने उससे पूछा--कहिए, आपकी तबियत अब कैसी है?

उसने मुस्कराकर उत्तर दिया--मैं बीमार थोड़े ही हूं। मैं एक अत्याचार-पीड़िता स्त्री हूं। मेरी पवित्र भावना निर्दयतापूर्वक कुचल डाली गई है। मेरा हृदय पका फोड़ा बन गया है, इसीसे ज़रा भी ठेस लगते ही वह फूट पड़ता है।

मैंने संकुचित भाव से कहा--मुझे क्षमा कीजिएगा। आपका परिचय जानने के लिए मेरा मन बहुत उत्सुक हो रहा है। अगर आपको कोई आपत्ति न हो तो

उसने बीच में ही बात काटकर कहा--मैं एक साधारण वेश्या हूं। बस यही मेरा परिचय है।

मैंने कहा--परिचय से मेरा मतलब आपके वर्तमान जीवन से पूर्व की कथा से था। परन्तु मैं आपको इसके लिए विशेष कष्ट नहीं देना चाहता।

थोड़ी देर तक चुप रहने के बाद उसने कहा-मेरी राम-कहानी सुनना चाहते हैं? अच्छा ठहरिए, ज़रा हाथ-मुंह धोकर खा लूं तो सुनाती हूं। परन्तु मेरी पापपूर्ण राम--कहानी में कोई रोचकता न होगी। मैंने कुछ उत्तर नहीं दिया।

वह कहने लगी--मैं कौन हूं, किसकी लड़की हूं और कहां की रहनेवाली हूं, यह न बताऊंगी। क्योंकि अपने पूज्य पिता-माता के नाम को कलंकित करना मुझे स्वीकार नहीं है और न उनका नाम-धाम जानने के लिए आपको ही कोई उत्सुकता होनी चाहिए।

मैंने कहा--अच्छी बात है, आप जो कुछ सुनाएंगी, वही काफी होगा। उससे अधिक कुछ जानने की मैं बिलकुल चेष्टा न करूंगा।

वह कहने लगी :

अच्छा तो सुनिए! मेरे पिता संयुक्त प्रान्त के एक शहर के प्रतिष्ठित हिन्दू थे। मैं और मेरी बड़ी बहिन के सिवा उनके और कोई सन्तान न थी। इसलिए वे हमें पुत्र की तरह मानते थे। यथासाध्य उन्होंने हमें कुछ पढ़ाया-लिखाया भी था। मेरी माता का देहान्त मेरे बचपन में ही हो गया था। घर में पिताजी की एक वृद्धा चाची थी, वही हम दोनों बहिनों की देख-रेख किया करती थीं। साथ ही पिताजी को दूसरा विवाह कर लेने का परामर्श दिया करती थीं। पहले तो पिताजी इसके लिए राजी नहीं होते थे, परन्तु अन्त में अपने चाची तथा अन्यान्य शुभचिन्तकों के बहुत समझाने-बुझाने पर राजी हो गए।

विवाह हो गया, हमारी सौतेली मां घर आ गईं। साथ ही हम लोगों के लिए दुर्भाग्य भी लेती आईं। क्योंकि उनके आने के कुछ दिनों बाद से ही पिताजी के स्वभाव में विशेष परिवर्तन दिखाई देने लगा। अब वे पहले की तरह हम लोगों से स्नेह नहीं करते थे। हम लोगों के भरण-पोषण का भार भी सौतेली मां पर छोड़-कर निश्चिन्त हो गए। दादी अर्थात् पिताजी की वृद्धा चाची की भी अब कुछ नहीं चलती थी। हम सभी एक तरह से माताजी के गुलाम बन गए। उनकी आज्ञाओं का पालन करना और उनकी जली-कटी बातें बर्दाश्त करना हम लोगों का परम कर्तव्य हो गया। पिताजी उनके विरुद्ध एक शब्द भी सुनना नहीं चाहते थे। सुनकर भी कुछ प्रतिकार करने की शक्ति उनमें न थी। क्योंकि हमारी नवीन मां समय-समय पर उन्हें भी फटकार दिया करती थीं।

अन्त में बहिन का विवाह हो गया। और वे अपनी ससुराल चली गईं।बुढ़िया दादी का देहान्त हो गया। उस समय मेरी उम्र चौदह-पन्द्रह साल की थी। माता-पिता में कभी-कभी मेरे विवाह की भी चर्चा होने लगी। बहुधा इस विषय को लेकर दोनों में घण्टों तर्क-वितर्क भी हो जाता था। मैंने छिपकर कई बार उनकी बातें सुनने का प्रयत्न भी किया, पर कुछ समझ न सकी। अन्त में पता चला कि यह झगड़ा रुपये-पैसे को लेकर हुआ करता था। क्योंकि माताजी मेरे विवाह में अधिक रुपये खर्च करने का विरोध किया करती थीं और पिताजी को मेरे लिए ऐसा वर ढूंढ़ने का परामर्श देती थीं, जो साधारण

स्थिति का हो और थोड़े तिलक-दहेज़ पर ही विवाह करने को राजी हो जाए।

मेरी सौतेली माता के नैहर का एक अधेड़ मनुष्य अक्सर हमारे घर आया करता था। माताजी उसे अपना भाई बताया करती थीं और न जाने क्यों उससे उनकी खूब बनती थी। उसके आने पर बड़ी तत्परता से उसकी आवभगत किया करती थीं। माताजी का धर्म-भाई होने के कारण मैं भी उसके सामने होती थी। सुनने में आया कि वह पुलिस का दारोगा है और बड़ा मालदार आदमी है।

एक दिन दाई की ज़बानी मालूम हुआ कि माताजी उसीके साथ मेरा विवाह कर देना चाहती हैं। पहले तो मुझे इस बात पर विश्वास ही नहीं हुआ।

परन्तु बाद में मालूम हुआ कि खबर सोलह आने सच थी। यद्यपि पिताजी इस बात पर राज़ी न थे, परन्तु माताजी के आदेश के विरुद्ध कुछ करना भी उनके लिए सम्भव न था।

मैंने यह हाल सुना तो मुझे बड़ा दुःख हुआ। क्योंकि मैं उसे फूटी आंख भी नहीं देखना चाहती थी। उसकी सूरत-शक्ल भी अच्छी न थी। चेहरे पर और बातचीत में उद्दण्डता भरी थी। परन्तु माताजी मेरे सामने उसके रूप-रंग और विद्या-बुद्धि की बड़ी प्रशंसा किया करती थी। मानो मेरे लिए उससे बढ़कर उपयुक्त वर संसार में दूसरा कोई था ही नहीं।

एक दिन उसी दाई की ज़बानी मालूम हुआ कि दारोगाजी के साथ मेरे विवाह की बातचीत पक्की हो गई। मेरे सिर पर मानो वज्रपात हो गया। कलेजा धड़कने लगा। मैं घण्टों तक छिपकर रोती रही। अन्त में कई दिनों के बाद मैंने अपनी बहिन को एक पत्र लिखा।मुझे विश्वास था कि बहिन कदापि इस विवाह का समर्थन न करेगी। परन्तु मालूम नहीं, वह पत्र मेरी बहिन को मिला ही नहीं।

क्योंकि उसका कोई उत्तर नहीं आया। परन्तु इस घटना के बाद से मेरी सौतेली मां मुझसे तनी-सी रहने लगी और समय-समय पर ताने देने लगी।

इतने में एक दिन सुना कि विवाह का दिन निर्धारित हो चुका है और शीघ्र ही तिलक भेजा जाने वाला है। अब तो मेरी बेचैनी और भी बढ़ गई। यहां तक कि चिन्ता के मारे मैंने कई दिन तक भोजन नहीं किया। दिन-रात एक कोठरी में पड़ी-पड़ी रोया करती थी। पिताजी को शायद यह मालूम हो गया था कि मैं इस विवाह से प्रसन्न नहीं हूं। क्योंकि एक दिन उनमें और माताजी में बड़ी देर तक बातें होती रहीं। यहां तक कि अन्त में दोनों में झगड़ा भी हो गया । माता रूठ बैठीं और बार-बार नैहर चली जाने के लिए धमकी देने लगीं। परन्तु फिर सारा झगड़ा तय हो गया और सुनने में आया कि पिता को कोई कठिन रोग हो गया है, इसलिए दवा कराने के लिए कलकत्ता जाने वाले हैं। मुझे विश्वास हो गया कि विवाह कम से कम इस साल के लिए तो टल गया। परन्तु पिताजी के जाने के तीसरे रोज़ ही हमारी सौतेली मां के एक भाई

आए और उन्होंने पुरोहितजी के मार्फत तिलक भेजवा दिया। आठ दिन के बाद ही विवाह का दिन निर्धारित हो गया।

मेरी तमाम आशा-भरोसा पर पानी फिर गया। रहस्य कुछ समझ में नहीं आया। पिताजी के हठात् रोगग्रस्त होकर चले जाने पर भी बड़ा आश्चर्य हुआ। मेरे लिए रोने के सिवा और कोई उपाय नहीं रह गया। विवाह की तैयारी खूब जल्दी-जल्दी होने लगी। इधर माताजी मेरे ऊपर सतर्क दृष्टि भी रखने लगीं। कोई मेरे पास नहीं आने पाता था। विवाह की नेवता भी शायद किसी रिश्तेदार को नहीं दिया गया। गांव में प्रचार कर दिया गया कि पिताजी की बीमारी के कारण विवाह में उत्सव आदि नहीं होगा। वर महोदय केवल पुरोहित और नाई के साथ आकर बिना आडम्बर के विवाह करके बहू को ले जाएंगे। ये बातें सुनकर मेरी चिन्ताग्नि और भी धधक उठी। दिन-रात रोते-रोते मेरी आँखें सूज गईं।माताजी ने पिता की बीमारी का जिक्र करके मुझे बहुत समझाया-बुझाया। उनके भाई ने भी मुझे समझाने-बुझाने और वर महोदय के धन-ऐश्वर्य का बखान करने में कोई बात उठा न रखी। परन्तु चिन्ता बढ़ती ही गई। जी में आता था कि आत्महत्या कर लूं। परन्तु माताजी सदैव सतर्क रहती थीं, अन्त में हल्दी-तेल चढ़ने का दिन आया। प्रांगन में मंगल-घट स्थापित हुआ। मैं जबर्दस्ती घसीटकर वहां लाई गई। अन्यान्य कृत्यों के बाद जब नाइन हल्दी-तेल लेकर आगे आई, मैंने उसके हाथ से पात्र लेकर दूर फेंक दिया। माताजी

इस पर बहुत नाराज हुई, और बलपूर्वक मुझे गिराकर हल्दी-तेल चढ़ाने की रस्म अदा की गई। इसी तरह एक दिन विवाह की रस्म भी अदा हो गई। मैंने 'गौर गनेश' को तोड़ डाला, पैरों की ठोकर से मंगल-घट फोड़ दिया और जब वर महोदय सिन्दूर-द-दान करने आए तो उन्हें ऐसा धक्का दिया कि बेचारे चारों खाने चित ज़मीन पर भहरा पड़े। जब मैं किसी तरह काबू में न आई, तो मेरी सौतेली मां मेरे हाथ-पैर बांधकर मुझे एक कोठरी में ढकेलकर किवाड़ बन्द करती हुई बोलीं-अब रोश्रो चाहे गाओ, जो होना था, वह हो गया।

मैं उस समय क्रोध, चिन्ता और ग्लानि से अधमरी-सी हो रही थी। कई दिनों तक भोजन आदि न करने के कारण मेरा शरीर अवसन्न हो गया था। मैं थोड़ी देर के बाद बेहोश हो गई। जब होश हुआ तब देखा बन्धन खुले हुए हैं।

घर में दिया जल रहा है और वर महोदय दरवाजे की सिटकिनी बन्द कर रहे हैं। मैं देखते ही बड़े जोरों से चीख उठी और वहां से निकल भागने के लिए दरवाजे की ओर लपकी, परन्तु उन्होंने बीच में मुझे पकड़कर ज़बर्दस्ती घसीटते ले जाकर पलंग पर लिटा दिया। मैं बहुतेरा चीखी-चिल्लाई, अपने आबरू की रक्षा के लिए कई जगह उन्हें दांतों से काट डाला। इस हाथा-पाई में मुझे भी चोटें आईं; परन्तु मैंने उनकी मनोकामना पूरी न होने दी। इसके बाद उन्होंने माताजी को बुलाया, मैं उनके पैरों पर गिर पड़ी और बड़ी प्रारजू-मिन्नत की कि मुझे यहां से निकल जाने दो, परन्तु उन्होंने एक न सुनी,

मैं फिर बलपूर्वक ज़मीन पर गिरा दी गई और मेरे हाथ-पैर रस्सी से बांध दिए गए। माताजी ने मेरे मुंह में कपड़ा लूंस दिया और मुझे वहीं छोड़ कमरे से बाहर चली गई।

इसके बाद क्या हुआ, उसका वर्णन करना मेरी जैसी एक वेश्या के लिए भी सम्भव नहीं है।

यह कहते-कहते फिर उसका चेहरा तमतमा उठा। आंखों से मानो क्रोध की चिनगारियां निकलने लगीं। बेचारे पण्डितजी उसकी यह हालत देखकर सहम गए।मैं भी बड़े पशोपेश में पड़ गया और बुढ़िया से फिर एक गिलास पानी देने का इशारा करके बोला--वस, अब रहने दीजिए। फिर कभी आपकी कहानी सुन लूंगा। इस समय ज़रा-सा लेट जाइए।

उसने एक लम्बी सांस खींचकर उत्तर दिया-आप घबराइए नहीं, मेरी तबियत ठीक है।

इसके बाद उसने फिर एक पान खाया और मेरी ओर मुंह करके कहने लगी--जब आपने छेड़ा है तो पूरी कहानी सुनाकर ही दम लूंगी। इससे अनुताप की जो भीषण ज्वाला मेरे अन्दर धधक रही है, कुछ शान्त होगी।

मैंने भी एक ठण्डी सांस ली और एक सिगरेट जलाकर अबला की करुण कहानी सुनने को तैयार हो गया।

वह कहने लगी--उसके बाद मुझपर क्या बीती, मुझे मालूम नहीं क्योंकि मैं बेहोश थी और उसी दशा में छोड़ दी गई। सवेरे दरवाजा खुलने की आहट पाकर आंखें खुली तो देखा कि आगे-आगे माताजी और पीछे दारोगाजी कमरे में प्रवेश कर रहे हैं।

मैं कपड़े संभालकर उठ बैठी। माताजी मेरे पास बैठकर मुझे समझाने लगीं। दारोगाजी विजयी वीर की तरह बैठे मुस्करा रहे थे। उनकी ओर दृष्टि पड़ते ही मेरा सारा शरीर क्रोध से कांप गया। पास ही एक कांसे का लोटा पड़ा था, मैंने उसे उठाकर उनके मूंड पर दे मारा।सिर फूट गया और खून बहने लगा। इसके बाद वे उठकर वहां से चले गए और तब से आज तक मैंने उनकी सूरत नहीं देखी।

गाड़ी कानपुर के स्टेशन पर आकर ठहर गई। मुझे यहां उतरकर अपने एक मित्र से मिलना था। पण्डितजी भी कानपुर देखना चाहते थे। मैंने उठकर बिस्तर समेटते हुए रमणी से कहा--क्षमा कीजिएगा, मैंने आपको बड़ी तकलीफ दी। साथ ही आपकी पूरी कहानी भी न सुन सका।

इतने में पण्डितजी बोल उठे--इन्हें भी तो दिल्ली ही जाना है, अगर कोई क्षति न हो तो हम लोगों के साथ उतर पड़ें। कल फिर साथ ही चले चलेंगे।

मैंने कहा --प्रस्ताव तो आपका ठीक है, बशर्ते कि एक रोज़ यहां ठहर जाने में इनका कोई हर्ज न हो।

रमणी ने कहा--हर्ज क्या है। एक दिन ठहरकर ज़रा कानपुर भी देख लूंगी। यह कहकर उसने भी अपनी संगिनी बुढ़िया को बिस्तर आदि उठाने का आदेश प्रदान किया।

दूसरे दिन गाड़ी पर सवार होकर हम लोग एकसाथ ही दिल्ली के लिए रवाना हुए। कुछ आगे चलकर मेरे अनुरोध करने पर उसने फिर अपनी राम-कहानी आरम्भ की:

विवाह के पन्द्रहवें दिन पिताजी कलकत्ता से वापस आ गए। माताजी ने और शायद दारोगाजी ने भी उन्हें सब हाल पहले ही लिख दिया था। रात को उनसे और माताजी से बड़ी कहा-सुनी हुई। उन लोगों की बातचीत से यह भी मालूम हुआ कि दारोगाजी ने मुझे सदा के लिए परित्याग कर दिया है और मेरे भरण- पोषण के लिए दस रुपये मासिक देने को तैयार हैं। मैंने मन ही मन ईश्वर को धन्यवाद दिया कि किसी तरह उस पशु से पिण्ड तो छूटा। परन्तु पिताजी को इससे बड़ा दुःख हुआ। वे उसी दिन से अन्न-जल त्यागकर खाट पर पड़े तो फिर नहीं उठे। कुछ लोगों का अनुमान है, उन्होंने जहर खाकर आत्महत्या कर ली।

अस्तु, पिताजी के मरने पर माताजी अपने वैधव्य के दिन काटने के लिए अपने नैहर चली गईं। मुझे भी अपने साथ ले जाना चाहती थीं; परन्तु मैंने इन्कार कर दिया और एक दाई को साथ लेकर अपनी बहिन के यहां चली आई। बहिन ने सारा हाल सुना तो छाती पीटकर

ज़मीन पर गिर गई। परन्तु मुझे पिताजी की मृत्यु के सिवा और किसी बात का अफसोस न था। बस, दिन-रात यही सोचा करती थी कि किस तरह दारोगाजी से अपने अपमान का बदला लूं। कुछ दिनों के बाद ही एक सुयोग मिला। मेरी बहिन का देवर मुझे बड़ी कुत्सित दृष्टि से देखा करता था। पहले तो मैं उससे घृणा करती थी और बहुत कम बोलती थी, परन्तु अन्त में मैंने उसीको बलिदान का बकरा बनाकर दारोगाजी से अपने अपमान का बदला लेने का विचार किया और धीरे-धीरे उससे घनिष्ठता बढ़ाने लगी। आखिर मैंने एक दिन उससे साफ-साफ कह दिया कि अगर तुम दारोगाजी का खून कर डालो तो जो कुछ तुम कहोगे, मैं करने को तैयार हूं। वह अनायास ही राजी हो गया। परन्तु अन्त में धोखा देकर निकल गया। साथ ही धीरे-धीरे यह बात सारे मुहल्ले में फैल गई कि बहिन के देवर के साथ मेरा अवैध सम्बन्ध है । एक दिन बहिन ने मुझे एकान्त में ले जाकर वहुत-कुछ बुरा-भला कहा और आगे के लिए सावधान भी कर दिया। मैंने उसे सब सच्ची बातें बता दीं और साथ ही यह भी बता दिया कि केवल दारोगाजी से अपने अपमान का बदला लेना ही मेरा इस कुत्सित और अपवित्र जीवन का उद्देश्य है, इसीलिए मैं जीवित हूं: अन्यथा अब तक आत्महत्या कर लेती।

बहिन ने मुझे बहुत समझाया और बदला लेने का भार ईश्वर को सौंपकर विधवाओं की तरह पवित्र जीवन व्यतीत करने का परामर्श दिया। परन्तु मेरी प्रतिज्ञा अटल थी। दिन-रात मैं यही सोचा करती थी कि किस

तरह पापी दारोगा से बदला लिया जाए। आखिर, एक दिन एक छोकरा मुझे एक पत्र दे गया। पत्र मुहल्ले के एक युवक ने लिखा था, जो कभी-कभी मेरी बहिन के घर पाया करता था। उसने लिखा था कि अगर तुम मेरी होकर रहो तो मैं दारोगाजी से तुम्हारे अपमान का बदला ले सकता हूं। मैं फौरन राजी हो गई और एक दिन सुयोग पाकर उसके साथ चल निकली। उसने शहर से दूर एक गांव में मुझे ले जाकर रखा। चार-पांच महीने तक हम दोनों पति-पत्नी की तरह रहे। वह बराबर मुझे भरोसा देता रहा, मैं भी उसके विश्वास पर थी और दारोगा की मृत्यु-कामना किया करती थी। परन्तु ईश्वर को मेरी छीछालेदर ही मंजूर थी।

फलतः इस दूसरे युवक ने भी मुझे धोखा दिया और एक दिन बिना कुछ कहे-सुने न जाने कहां गायब हो गया। हाय! अब मैं दीन-दुनिया कहीं की न रही। एक बार फिर बहिन की शरण में जाने का विचार किया, परन्तु साहस न हुआ। इसी उधेड़-बुन में कई दिन बीत गए।

मेरे पड़ोस में एक बुढ़िया रहती थी वह कभी-कभी मेरे पास आया करती थी और घण्टों बैठकर इधर-उधर की बातें किया करती थी। उसने युवक के धोखा देकर भाग जाने का समाचार सुना तो बड़ी सहानुभूति प्रकट की और फिर आश्वासन देकर बोली कि तुम्हें चिन्ता किस बात की है। भगवान ने तुम्हें रूप और जवानी दी है। तुम चाहो तो, खुद दस आदमियों को खिला सकती हो। पहले तो उसकी बात मेरी समझ में न आई। परन्तु

अन्त में मेरे प्रश्न करने पर उसने साफ-साफ शब्दों में मुझे वेश्यावृत्ति करने की सलाह दी और साथ ही इस सम्बन्ध में मेरी सहायता करने का भी वचन दिया। यद्यपि मुझे पहले इस काम में बड़ी हिचकिचाहट मालूम हुई; परन्तु बुढ़िया ने मुझे समझा दिया कि इसके सिवा और कोई पथ नहीं है। अन्य उपाय न देखकर, मैं राजी हो ही गई।

शहर में उपयुक्त स्थान पर बुढ़िया ने किराये पर एक मकान ले दिया और आवश्यक सामान अपने पास दे दिया। मेरा रोज़गार चलने लगा और बुढ़िया भी मेरी अभिभाविका बनकर मेरे साथ ही रहने लगी। एक उस्तादजी को बुलाकर उसने मुझे गाने और नाचने की भी तालीम दिलाई।

बस बाबू जी, यही मेरी संक्षिप्त राम-कहानी है और यही वह बुढ़िया है। अब स्वयं विचार कीजिए कि मैं पतिता हूं या मुझे पतित बनाने वाले पतित हैं?

मैंने कुछ उत्तर नहीं दिया। चित्त ग्लानि से भर गया था। कुछ पढ़ने की चेष्टा की परन्तु तबियत नहीं लगी।

शाम को दिल्ली स्टेशन पर उतरकर उससे विदा होने के समय मैंने उसका पता नोटकर लिया और फिर कभी मिलने का वादा करके उसे पवित्र जीवन व्यतीत करने का परामर्श दिया। पण्डितजी आगरा होकर पहले ही मथुरा चले गए थे। इस बात को बहुत दिन बीत चुके थे। मैं दिल्ली से कलकत्ता लौट आया था। रविवार का दिन

था और मई का महीना; सख्त गरमी पड़ रही थी। शाम को भांग-बूटी छानकर हम लोग किले के मैदान की ओर टहलने जा रहे थे। रास्ते में एक पुराने मित्र मिल गए। जब मैं बनारस रहता था तो इनसे बड़ी घनिष्ठता थी।

कुशल-प्रश्न तथा अन्यान्य बातों के बाद पण्डित मुरलीधर का ज़िक्र आया तो आश्चर्य से बोल उठे-अरे तुम्हें मालूम नहीं? वे तो एक खून के मामले में गिरफ्तार हैं।

मैंने आश्चर्य से पूछा-खून के मामले में?

वे बोले-हां भई, उन्होंने पुलिस के दारोगा को मार डाला है।

मैंने कहा-क्या बक रहे हो?

कहां पं० मुरलीधर और कहां दारोगा का खून।

उन्होंने कहा-बक नहीं रहा हूं, बिलकुल सच्ची बात बता रहा हूं।

'तो क्या किसी राजनीतिक उद्देश्य से पण्डितजी ने दारोगा को मार डाला है?

'नहीं जी, राजनीति से उनका क्या वास्ता।'

'तो आखिर बेचारे दारोगा ने उनका बिगाड़ा ही क्या था?'

'उनका नहीं, बल्कि किसी और का ही बिगाड़ा था।'

'अच्छा, तो अब पूरी कथा सुनाओ।'

-सुना तो रहा हूं, परन्तु तुम सुनते कहां हो? बात यह है कि गत यमद्वितीया के अवसर पर पण्डितजी मथुरा जा रहे थे। रास्ते में एक वेश्या से मुलाकात हो गई, जो गाड़ी के उसी डिब्बे में बैठी थी। बातचीत के सिलसिले में उसने अपनी आत्मकथा सुनाना प्रारम्भ किया, जिससे मालूम हुआ कि वह कोई साधारण वेश्या नहीं, वरन किसी उच्चवंश की लड़की थी। दारोगाजी ने ढलती उम्र में जबर्दस्ती उससे विवाह कर लिया था। इसलिए पहली ही रात को पति-पत्नी में कुछ ऐसी अनबन हो गई कि दारोगाजी को सदा के लिए परित्याग कर देना पड़ा। परन्तु पत्नी ने दारोगाजी से अपने सतीत्वापहरण का बदला लेने की ठान ली। यह बदला लेने की धुन यहां तक सिर पर सवार हो गई कि उसी के लिए अन्त में उसे वेश्या बन जाना पड़ा। कई युवकों से इसी शर्त पर उसने दुराचार भी कराया। पण्डित मुरलीधर ने यह सारी कहानी सुनी तो एकदम आपे से बाहर हो गए। मथुरा से दिल्ली चले गए और वहां उसी वेश्या के पास ठहरकर उसके पति का पता लगाया। इसके बाद किसी तरह उक्त दारोगा के पास पहुंचे और एक दिन मौका देखकर उसके पेट में छुरी घुसेड़ दी।

पण्डितजी ने अदालत के सामने अपना अपराध स्वीकार कर लिया है और बड़ी प्रसन्नता से फांसी पर चढ़ जाने को तैयार हैं।

मैंने कहा-यह रेलगाड़ीवाली घटना तो मेरे सामने की है। उस समय मैं दिल्ली जा रहा था और पण्डितजी यमद्वितीया नहाने मथुरा जा रहे थे। बल्कि सच पूछो तो मेरे ही अनुरोध से उस वेश्या ने अपनी राम-कहानी हम लोगों को सुनाई थी। खैर, तो क्या उस स्त्री को भी यह सब मालूम है?

'हां, वह भी पण्डितजी के साथ ही दिल्ली से आई थी। पहले उसने दारोगाजी को देखकर अच्छी तरह पहचान लिया तब यह घटना हुई। पण्डित मुरलीधर ने तो अपने बयान में उसके आने का कोई जिक्र नहीं किया था। परन्तु इनके गिरफ्तार हो जाने पर वह खुद कोतवाली में आई और बयान दिया कि यह खून मैंने कराया है। इसकी सारी जिम्मेदारी मुझपर है।

'पुलिस ने उसे गिरफ्तार करके हिरासत में ले लिया। परन्तु वहां जाने से पहले उसने जहर खा लिया था, इसलिए उसी रात को उसका देहान्त हो गया।'

मैंने कहा--पण्डित मुरलीधर तो विचित्र मनुष्य निकले। उनके मुकदमे के सम्बन्ध में तुम्हारा क्या अनुमान है?

उन्होंने कहा- उन्हें फांसी की सजा होगी।

बड़ी बेगम

दिन ढल गया था और ढलते हुए सूरज की सुनहरी किरणें दिल्ली के बाज़ार में एक नयी रौनक पैदा कर रही थीं। अभी दिल्ली नयी बस रही थी। आगरे की गर्मी से घबराकर बादशाह शाहजहाँ ने जमुना के किनारे अर्द्धचन्द्राकार यह नया नगर बसाया था। लाल किला और जामा मस्जिद बन चुकी थी और उनकी भव्य छवि दर्शकों के मन पर स्थायी प्रभाव डालती थी। फैज़ बाज़ार में सभी अमीर-उमरावों की हवेलियाँ खड़ी हो गयी थीं। इस नये शहर का नाम शाहजहानाबाद रखा गया था, परन्तु पठानों की पुरानी दिल्ली की बस्ती अभी तक बिल्कुल उजड़ नहीं चुकी थी बल्कि कहना चाहिए कि इस शाहजहानाबाद के लिए बहुत-सा मलबा और समान पुरानी दिल्ली के महलात के खण्डहरों से लिया गया था, जो पुराने किले से हौज़ खास और कुतुबमीनार तक फैले हुए थे।

नदी की दिशा को छोड़कर बाकी तीनों ओर सुरक्षा के लिए पक्की पत्थर की शहरपनाह बन चुकी थी, जिसमें बारह द्वार और सौ-सौ कदमों पर बुर्ज बने हुए थे। शहरपनाह के बाहर 5-6 फुट ऊँचा कच्चा पुरवा था। सलीमगढ़ का किला बीच जमुना में था जो एक विशाल टापू प्रतीत होता था और जिसे बारह खम्भों वाला पुख्ता पुल लाल किले से जोड़ता था। अभी इस नगर को बने तीस ही बरस हुए थे, फिर भी यह मुगल साम्राज्य की राजधानी के अनुरूप शोभायमान नगरी की सुषमा धारण करता था।

शहरपनाह नगर और किले दोनों को घेरे थी। यदि शहर की उन बाहरी बस्तियों को-जो दूर तक लाहौरी दरवाजे तक चली गयी थीं और उस पुरानी दिल्ली की बस्तियों को, जो चारों ओर दक्षिण-पश्चिम भाग में फैली थीं-मिला लिया जाए तो जो रेखा शहर के बीचो-बीच खींची जाती, वह साढ़े चार या पाँच मील लम्बी होती। बागात का विवरण पृथक् है, जो सब शहज़ादों, अमीरों और शहज़ादियों ने पृथक्-पृथक् लगाये थे।

शाही महलसरा और मकान किले में थे। किला भी लगभग अर्द्धचन्द्राकार था, इसकी तली में जमुना नदी बह रही थी। परन्तु किले की दीवार और जमुना नदी के बीच बड़ा रेतीला मैदान था जिसमें हाथियों की लड़ाई दिखाई जाती। यहीं खड़े होकर सरदार, अमीर और हिन्दू राजाओं की फौजें झरोखे में खड़े बादशाह के दर्शन किया करते थे। किले की चहारदीवारी भी पुराने ढंग के गोल बुर्जों की वैसी ही थी जैसी शहरपनाह की

दीवार थी। यह ईंटों और लाल पत्थर की बनी हुई थी इस कारण शहरपनाह की अपेक्षा इसकी शोभा अधिक थी। शहरपनाह की अपेक्षा यह ऊँची और मज़बूत भी थी; उस पर छोटी-छोटी तोपें चढ़ी हुई थीं, जिनका मुँह शहर की ओर था। नदी की ओर छोड़कर किले के सब ओर गहरी खाईं थी जो जमुना के पानी से भरी हुई थी। इसके बाँध खूब मज़बूत थे और पत्थर के बने थे। खाईं के जल में मछलियाँ बहुत थीं।

खाईं के पास ही एक भारी बाग था, जिसमें भाँति-भाँति के फूल लगे थे। किले की सुन्दर इमारत के आगे सुशोभित यह बाग अपूर्व शोभा-विस्तार करता था। इसके सामने एक शाही चौक था जिसके एक ओर किले का दरवाजा था, दूसरी ओर शहर के दो बड़े-बड़े बाज़ार आकर समाप्त होते थे।

किले पर जो राजा, रज़वाड़े और अमीर पहरा-चौकी देते थे, उनके डेरे-तम्बू-खेमे इसी मैदान में लगे हुए थे। इनका पहरा केवल किले के बाहर ही था। किले के भीतर उमरा और मनसबदारों का पहरा होता था। इसके सामने ही शाही अस्तबल था, जिसके अनेक कोतल घोड़े मैदान में फिराये जा रहे थे। इसी मैदान के सामने ही तनिक हटकर 'गूजरी' लगती थी, जिसमें अनेक हिन्दू और ज्योतिषी नजूमी अपनी-अपनी किताबें खोले और धूप में अपनी मैली शतरंजी बिछाये बैठे थे। ग्रहों के चित्र और रमल फेंकने के पासे उनके सामने पड़े रहते थे। बहुत-सी मूर्ख स्त्रियाँ सिर से पैर तब बुरका ओढ़े या चादर में शरीर को लपेटे, उनके

निकट खड़ी थीं और वे उनके हाथ-मुँह को भली भाँति देख पाटी पर लकीरें खींचते तथा उंगलियों की पोर पर गिनते उनका भविष्य बताकर पैसे ठग रहे थे। इन्हीं ठगों में एक दोगला पोर्चुगीज़ बड़ी ही शान्त मुद्रा में कालीन बिछाये बैठा था; इसके पास स्त्री-पुरुषों की भारी भीड़ लगी थी, पर वास्तव में यह गोरा धूर्त बिल्कुल अनपढ़ था। उसके पास एक पुराना जहाजी दिग्दर्शक यन्त्र था और एक रोमन कैथोलिक की सचित्र प्रार्थना-पुस्तक थी। वह बड़े ही इत्मीनान से कह रहा था, "यूरोप में ऐसे ही ग्रहों के चित्र होते हैं!"

पीछे जिन दो बाजारों की यहाँ चर्चा हुई है, जो किले के सामने मैदान में आकर मिले थे, वहीं एक सीधा और प्रशस्त बाज़ार चाँदनी चौक था, जो किले से लगभग पच्चीस तीस कदम के अन्तर से आरम्भ होकर पश्चिम दिशा में लाहौरी दरवाजे तक चला जाता था। बाज़ार के दोनों ओर मेहराबदार दुकानें थीं, जो ईंटों की बनी थीं तथा एक मंजिला ही थीं। इन दुकानों के बरामदे अलग-अलग थे, और इनके बीच में दीवारें थीं। यहीं बैठकर व्यापारी अपने-अपने ग्राहकों को पटाते थे, और माल-असबाब दिखाते थे। बरामदों के पीछे दुकान के भीतरी भाग में माल-असबाब रखा था तथा रात को बरामदे का सामान भी उठाकर वहीं रख दिया जाता था। इनके ऊपर व्यापारियों के रहने के घर थे, जो सुन्दर प्रतीत होते थे।

नगर के गली-कूचे में मनसबदारों, हकीमों और धनी व्यापारियों की हवेलियाँ थीं, जो बड़े-बड़े मुहल्लों

में बँटी हुई थीं। बहुत-सी हवेलियों में चौक और बागीचे थे। बड़े-बड़े मकानों के आस-पास बहुत मकान घास-फूस के थे जिनमें खिदमतगार, नानबाई आदि रहते थे।

बड़े-बड़े अमीरों के मकान नदी के किनारे शहर के बाहर थे, जो खूब कुशादा, ठण्डे, हवादार और आरामदेह थे। उनमें बाग, पेड़, हौज और दालान थे तथा छोटे-छोटे फव्वारे और तहखाने भी थे, जिनमें बड़े-बड़े पंखे लगे हुए थे। और खस की टट्टियाँ लगी थीं। उन पर गुलाम-नौकर पानी छिड़क रहे थे।

बाज़ार की दुकानों में जिन्सें भरी थीं; पश्मीना, कमख़ाब, जरीदार मण्डीले और रेशमी कपड़े भरे थे। एक बाज़ार तो सिर्फ मेवों ही का था, जिसमें ईरान, समरकन्द, बलख, बुखारा के मेवे-बादाम, पिस्ता, किशमिश, बेर, शफतालू, और भाँति-भाँति के सूखे फल और रूई की तहों में लिपटे बढ़िया अंगूर, नाशपाती, सेब और सर्दे भरे पड़े थे। नानबाई, हलवाई, कसाइयों की दुकानें गली-गली थीं। चिड़िया बाज़ार में भाँति-भाँति की चिड़ियाँ-मुर्गी, कबूतर, तीतर, मुर्गाबियाँ बहुतायत से बिक रही थीं। मछली बाज़ार में मछलियों की भरमार थी। अमीरों के गुलाम-ख्वाजासरा व्यस्त भाव से अपने-अपने मालिकों के लिए सौदे खरीदे रहे थे। बाज़ार में ऊँट, घोड़े, बहली, रथ, तामझाम, पालकी और मियानों पर अमीर लोग आ-जा रहे थे। चित्रकार, नक्काश, जड़िये, मीनाकार, रंगरेज़ और मनिहार अपने-अपने कामों में लगे थे।

इस वक्त चाँदनी चौक में एक खास चहल-पहल नज़र आ रही थी। इस समय बहुत-से बरकन्दाज, प्यादे, भिश्ती और झाड़ बरदार फुर्ती से अपने काम में लगे हुए थे। बरकन्दाज और सवार लोगों की भीड़ को हटाकर रास्ता साफ कर रहे थे। झाड़ बरदार सड़कों का कूड़ा-कर्कट हटा रहे थे। दुकानदार चौकन्ने होकर अपनी-अपनी दुकानों को आकर्षक रीति पर सजाये उत्सुक बैठे थे। इसका कारण यह था कि आज बड़ी बेगम की सवारी किले से इसी राह आ रही थी।

बादशाह की बड़ी लड़की जहाँआरा, शाही हल्कों में बड़ी बेगम के नाम से प्रसिद्ध थी। वह विदुषी, बुद्धिमती और रूपसी स्त्री थी। वह बड़े प्रेमी स्वभाव की थी, साथ ही दयालु और उदार थी। बादशाह ने उसके जेब खर्च के लिए तीस लाख रुपये साल नियत किये थे तथा उसके पानदान के खर्चे के लिए सूरत का इलाका दे रखा था, जिसकी आमदनी भी तीस लाख रुपये सालाना थी। इसके सिवा उसके पिता और बड़े भाई अपनी गर्ज के लिए उसे बहुमूल्य प्रेम-भेंट देते रहते थे। उसके पास धन-रत्न बहुत एकत्रित हो गया था और वह खूब सज-धज कर ठाठ से रहती थी। वह अंगूरी शराब की बहुत शौकीन थी, जो काबुल, फारस और काश्मीर से मँगाई जाती थी। वह अपनी निगरानी में भी बढ़िया शराब बनवाती-जो अंगूरों में गुलाब और मेवाणात डालकर बनायी जाती थी। रात को वह कभी-कभी नशे में इतनी डूब जाती थी कि उसका खड़ा होना भी सम्भव न रहता और उसे उठाकर शय्या पर-डाला जाता था। शाहजहाँ

के शासन-काल में वही तमाम साम्राज्य पर शासन करती थी, इससे उसका नाम बड़ी बेगम प्रसिद्ध हो गया था। शाही मुहर इसी के ताबे रहती थी।

बड़ी बेगम पालकी पर सवार थी, जिस पर एक कीमती जरवफ्त का परदा पड़ा था, जिसमें जगह-जगह जवाहरात टंके थे। पालकी के चारों ओर ख्वाजासरा मोरछल और चंवर डुलाते पालकी का घेरा डाले चल रहे थे। वे जिसे सामने पाते उसी को धकेलकर एक ओर कर देते थे। बहुत-से जार्जियाना गुलाम सुनहरे-रुपहले डंडे हाथों में लिये ज़ोर-ज़ोर से 'हटो बचो, हटो बचो' चिल्लाते जा रहे थे। उनके आगे भिश्ती तेजी से दौड़ते हुए सड़क पर पानी का छिड़काव करते जाते थे। मोरछलों और चंवरों की मूठ सोने-चाँदी की जड़ाऊ थी। पालकी के साथ सैकड़ों बांदियाँ सुनहरी पात्रों में जलती हुई सुगन्ध लिये चल रही थीं। सबसे आगे दो सौ तातारी बांदियाँ नंगी तलवारें हाथ में लिये, तीर-कमान कन्धे पर कसे, सीना उभारे, सफ बाँधे चल रही थीं और सबके पीछे एक मनसबदार घुड़सवार रिसाले के साथ बढ़ रहा था। यह मनसबदार एक अति सुन्दर युवक था। उसका रंग अत्यन्त गोरा, आँख काली और चमकदार तथा बाल घुंघराले थे। वह बहुमूल्य रत्नजटित पोशाक पहने था-और इतराता हुआ-सा अपने रिसाले के आगे-आगे चल रहा था। उसका घोड़ा भी अत्यन्त चंचल और बहुमूल्य था। यह तेजस्वी सुन्दर मनसबदार नजावत खाँ था, जो शाहे-बलख का भतीजा और बुखारे का शहज़ादा मशहूर था और बादशाह शाहजहाँ का कृपापात्र मनसबदार था।

इस समय बहुत-से अमीर-उमरा चाँदनी चौक की सैर को निकले थे। इन अमीरों के ठाठ भी निराले थे। किन्हीं के साथ दस-बीस, किन्हीं के साथ इससे भी अधिक नौकर-चाकर-गुलाम पैदल दौड़ रहे थे। अमीर घोड़े पर सवार ठुमकते, धीरे-धीरे पान कचरते हुए अकड़कर चल रहे थे। कुछ चलते-चलते ही पेचवान पर अम्बरी तम्बाकू का कश खींच रहे थे। साथ-साथ खवास गंगाजमनी काम की फर्शी हाथों हाथ लिये दौड़ रहे थे। गुलामों में किसी के पास पानदान, किसी के पास उगलदान, किसी के पास इत्रदान। कोई सरदार की जड़ाऊ तलवार लिये चल रहा था और इस प्रकार अमीर का बोझ हल्का कर रहा था। परन्तु ये अमीर चाहे जिस शान से जा रहे हों, ज्योंही बेगम की पालकी उनकी नज़र में पड़ती उनकी सब शान हवा हो जाती। जो जहाँ होता तुरन्त घोड़े से उतरकर सड़क के एक कोने में अपने आदमियों सहित हाथ जोड़कर अदब से खड़ा हो जाता और पालकी की ओर मुँह करके तीन बार कोर्निश करता जिसकी सूचना तुरन्त बेगम को पालकी के भीतर दे दी जाती।

इस प्रकार सूचना देने के लिए जो तरुण सरदार पालकी के साथ चल रहा था, वह एक प्रकार से किशोर वय का था। अभी पूरा तारुण्य उसके मुख पर प्रकट नहीं हुआ था। वह एक सुकुमार-सुन्दर, और सजीला किशोर था। वास्तव में यह शहज़ादी की उस्तानी का बेटा था जिसका बचपन शहज़ादी के साथ महल-सरा में बीता था और जिसे प्यार से शाही हरम में 'दूल्हा

भाई' कहते थे। यद्यपि इसकी हैसियत एक सेवक ही की थी, पर शहज़ादी की कृपादृष्टि से यह ढीठ हो गया था और अपने को किसी शहज़ादे से कम न समझता था। उसके सब ठाठ-बाठ भी शहज़ादों ही के समान थे।

धीरे-धीरे सवारी आगे बढ़ती जा रही थी। इसी समय सामने से एक हिन्दू सरदार की सवारी आ गयी। यह हिन्दू सरदार बून्दी का हाड़ा राजा राव छत्रसाल था। इसकी अवस्था छब्बीस से अधिक न होगी। उसका उज्ज्वल श्यामल मुख, मूंछों की पतली ऐंठी हुई रेखा, बड़ी-बड़ी काली आँखें, गठीला शरीर, बाँकी छटा देखते ही बनती थी। वह कमर में दो तलवारें बाँधे था और उसके साथ पचासों सवार, पैदल सिपाही और नौकर-चाकर-सेवक और मुसाहिब चल रहे थे। दिल्ली में रहने वाले दरबारी उमरावों से इसकी छटा ही निराली थी। ज्योंही बेगम की सवारी उसकी दृष्टि में पड़ी, वह रास्ते से एक ओर हटकर घोड़े से उतरकर सड़क के एक कोने में दो सौ कदम के अन्तर से खड़ा हो गया और ज्योंही बेगम की सवारी उसके निकट आयी, उसने ज़मीन तक झुककर तीन बार कोर्निश की। नकीब ने पुकार लगायी और दूल्हा भाई ने बेगम को इसकी सूचना दी। शहज़ादी ने तुरन्त अपनी सवारी आगे बढ़ना रोक दिया और एक रत्नजड़ित कमखाब की थैली में रखकर पान का बीड़ा उसके पास भेजकर कहलाया कि वह भी सवारी के साथ रहकर उसे रौनक बख्शे। राव छत्रसाल ने फिर पालकी की ओर रुख करके सलाम किया, पान का बीड़ा आदरपूर्वक लिया और दो कदम पीछे हटकर खड़ा हो गया।

सवारी आगे बढ़ी और यह हिन्दू सरदार भी पालकी के पीछे-पीछे अपने सवारों के साथ चला। दुल्हा भाई ने बेगम को इस बात की इत्तला दे दी।

जो मनसबदार पालकी के साथ-साथ चल रहा था उसकी आँखों में इस हिन्दू सरदार को देखते ही खून उतर आया। परन्तु इस तरुण राजा ने उसकी तनिक भी परवाह नहीं की। अपने घोड़े को एड़ देकर और चार कदम आगे बढ़ वह पालकी के पीछे चलने लगा।

किला और शहर के बीच-आज जहाँ दिल्ली का रेलवे स्टेशन और कम्पनी बाग है, वहाँ इस बेगम ने एक सराय बनवायी थी। यह सराय उस समय भारतवर्ष-भर में श्रेष्ठ इमारत थी। इसकी सारी इमारतें दुमंज़िली थीं और ऊपर बड़े-बड़े आलीशान सुसज्जित कमरे बने थे, जिनमें देश-देश के लोग ठहरते और तफरीह करते थे। सराय में नहाने के लिए पक्के हौज, नल और बड़े-बड़े बावर्ची खाने बने थे। इस सराय के इन्तज़ाम के लिए बेगम ने योग्य कर्मचारी नियुक्त किये थे। इस समय तक भी सराय समूची बनकर तैयार नहीं हो पायी थी और हज़ारों कारीगर-मिस्त्री उसमें चित्र-विचित्र काम कर रहे थे।

इस वक्त बेगम की सवारी इसी सराय की ओर जा रही थी। इसकी सूचना सराय के दारोगा को भी मिल चुकी थी और वहाँ बेगम की अवाई की धूमधाम मची थी। सब राह-बाट साफ करके छिड़काव किया गया था। बहुत-से खोजे, दास-दासी अपने-अपने काम में लगे थे। इस समय सराय का वह भाग जहाँ बेगम

तशरीफ़ रखने वाली थीं और जहाँ एक खूबसूरत छोटा-सा बगीचा था, भली भाँति सजाया गया था। बगीचे के बीच संगमरमर की बारहदरी थी, वहीं बेगम की सवारी उतरी।

शाम की भीनी सुगन्ध हवा में भर रही थी। बाग के माली ने सारी बारहदरी को फलों से सजाया था। हुज़ूर शहज़ादी आज रात इसी बारहदरी में आराम और तफरीह करना चाहती थीं। ख्वाजासरा और बांदियों ने मसनद, चाँदनी और गांव तकिये लगा दिये। बेगम मसनद पर लुढ़क गयीं। कुछ देर आराम करने पर बेगम ने दूल्हा भाई को हुक्म दिया, "वह हिन्दू राजा, जो सवारी के साथ है, उसे हुक्म दो कि हमारे यहाँ मुकीम रहने तक अपने पहरे-चौकी रखे और अमीर नजावत खाँ सराय के बाहरी हिस्से में अपने सिपाहियों सहित चला जाए!"

शहज़ादी का हुक्म दोनों उमरावों को पहुँचा दिया गया। दोनों ने भेद-भरी निगाहों से एक-दूसरे को देखा। तलवार की मूठ पर दोनों का हाथ गया और क्षण-भर दोनों एक-दूसरे को खूनी नजरों से देखने लगे। नजावत खाँ ने बालिश्त-भर तलवार म्यान से खींच ली और गुस्से-भरी आवाज़ में शेर की तरह गुर्राकर कहा, "खुदा की कसम, मैं यह हरगिज बर्दाश्त नहीं कर सकता कि एक काफ़िर को मुसलमान के बराबर रुतबा दिया जाए। मैं चाहता हूँ कि इसी वक्त तेरे दो टुकड़े करके तेरा गोश्त कुत्तों को खिला दूं।"

"चाहता तो मैं भी यही हूँ कि इसी वक्त तुम्हारा सर भुट्टे-सा उड़ा दूँ। मगर बेहतर यही है कि अभी आप जनाब शहज़ादा नजावतअली खाँ बहादुर, चुपचाप अपनी नौकरी ठण्डे-ठण्डे बजा लाएँ, जैसा कि हुज़ूर शहज़ादी का हुक्म हुआ है और सुबह तक भी आपके यही इरादे और दमखम रहे, तो फिर हम दोनों को अपने-अपने इरादे पूरे करने की बहुत गुंजाइश है!"

नजावत खाँ ने इसका कोई जवाब नहीं दिया। वह गुस्से से होंठ चबाता हुआ चला गया। राव छत्रसाल तनिक हटकर अपने घोड़े पर बैठ गया।

चाँदनी रात थी और बारहदरी के बाहरी चमन में शहज़ादी अपनी खास लौंडियों के बीच मसनद पर पड़ी अपनी प्रिय अंगूरी शराब पी रही थीं। यों तो उसके लिए फ़ारस, काश्मीर और काबुल से कीमती शीराजी और इस्तम्बोल मँगायी जाती थी, परन्तु उसकी अपने शौक की प्रिय वस्तु वह थी, जो खास उसी की नजरों के सामने अंगूर में गुलाब और बहुत-सी मेवे डालकर बनायी जाती थी। यह अति सुगन्धित और स्वादिष्ट होती थी और बेगम जब खुश होती-इस शराब के जाम पर जाम चढ़ाती थी।

आज वह खुश तो न थी; बहुत-सी चिन्ताएँ उसके मस्तिष्क को परेशान कर रही थीं-इतनी बड़ी मुगल सल्तनत की राजनीति में वह सक्रिय भाग लेती थी, उसी का सरदर्द थोड़ा न था, परन्तु इस समय तो उसे अपनी ही चिन्ता ने आ घेरा था। इसी से मुक्त होने के

लिए वह किले के भारी वातावरण को छोड़ यहाँ चली आयी थी।

अकबर बादशाह के समय ही से यह दस्तूर चला आ रहा था कि मुगल बादशाहों के खानदान की शहज़ादियाँ शादी नहीं कर पाती थीं; इससे इनके गुप्त प्रेम होते रहते और मुगल हरम का वातावरण हमेशा दूषित रहता था।

परन्तु दारा शहज़ादी का विवाह नजावत खाँ से करने की इच्छा प्रकट कर चुका था। वह शहज़ादी को प्रेम करता था। बहुत दिन से बल्ख-बुखारा और मुगल खानदान में चख-चख चल रही थी। वह चाहता था कि यदि दोनों खानदानों में रिश्ता हो जाए तो यह पुरानी शत्रुता भी जाती रहे। परन्तु इस शादी में बहुत बाधाएँ थीं। प्रथम तो बादशाह ही यह शादी करने को राजी नहीं होते थे। उन्हें उनके साले शाइश्ता खाँ ने समझा दिया था कि यदि यह शादी कर दी गयी तो अवश्य ही नजावत खाँ को शहज़ादों का रुतबा देना पड़ेगा, जब कि इस समय वे चाकर से अधिक दर्जा नहीं रखते हैं। फिर शाहे-बलख के लड़ने के मंसूबे भी अभी थे और इसके राजनीतिक कारण बने ही हुए थे।

दूसरी बड़ी बाधा यह थी कि शहज़ादी हिन्दू राजा बून्दी के छत्रसाल को चाहती थी। उन दिनों राजपूतों से मुगल खानदान में रिश्ते होते थे। अभी तक अनेक राजाओं की बेटियाँ मुगल हरम में आयी थीं, परन्तु कोई मुगल शहज़ादी किसी राजपूत के घर नहीं गयी थी। अब तक किसी राजपूत सरदार का खुल्लमखुल्ला

शादी करके रनिवास में एक शहज़ादी को ले जाना बहुत ही कठिन और अव्यवहार्य था, फिर मुगल अदब-कायदे तो ऐसे थे कि बड़े से बड़े हिन्दू राजा को मुगल शहज़ादियों के सामने भी उसी तरह झुकना पड़ता था, जैसे बादशाह के सामने। ऐसी हालत में इन शादियों से मुगल रुआब में भी कमी आने को थी। परन्तु प्रीति की कटारी का घाव जब खा लिया जाता है तो फिर इन सब बातों पर विचार नहीं किया जाता। शहज़ादी इस राजपूत के प्रेम में दीवानी थी और यह बात नजावत खाँ और छत्रसाल दोनों ही जानते थे, इसी से वे एक-दूसरे को खूनी आँखों से देखते थे।

इसी मामले में एक तीसरा शिगूफा भी था दूल्हा भाई, जो शायद अभी बेगम से उम्र में कुछ ही कम था, परन्तु बेगम की मुहब्बत का दम भरता था। वह इतना मूर्ख था कि शहज़ादी के विनोद और कृपाओं को प्यार की नज़र से देखता था। वह सोचा करता था कि बेगम से शादी कर लेने पर सम्भव है वही बादशाह बन जाए। कभी-कभी वह डींगें भी हाँकता और उसकी हँसी भी बहुत होती थी।

एक बार शहज़ादी ने उसे खानज़ादा का खिताब दिया और उसकी ज़िद से उसे इलम और शाही मरातिब रखने का अधिकार भी दिया तथा उसे शाही सिपहसालारों की भाँति पदवी देकर सवारों का सरदार बना दिया था। एक दिन वह बेगम के महल को जा रहा था कि सामने से महावत खाँ सिपहसालार आते मिल गये। जब वे दोनों पास-पास से गुजरे, तो जुलूस के

सैनिकों में झगड़ा हो गया। उधर महावत खाँ ने उसके झण्डे को देखा तो अपना इलम तह कर लिया और बिना झण्डे के शाही हुज़ूर में जा पहुँचा। जब बादशाह को इसकी सूचना मिली, तो उसने इसका कारण पूछा। महावत खाँ ने कहा, "हुज़ूर जहाँपनाह, हमारा समय तो बीत चुका। अब तो मरतब इलम उड़ाते हैं।" जब बादशाह को सब बातें मालूम हुईं, तो क्रोध में आकर उन्होंने खानजादा साहब का इलम तुड़वा दिया। खानज़ादा ने शहज़ादी के सामने बहुत रोना रोया पर उसका कोई फल न निकला। फिर भी वह शहज़ादी का प्रिय पार्षद बना हुआ था और शहज़ादी उस सुन्दर मूर्ख को अपनी इच्छाओं की पूर्ति का माध्यम बनाये हुए थी। वह शहज़ादी के खानगी मामलों का दारोगा अफ़सर था।

दैवयोग ही कहिए कि इस समय शहज़ादी के ये तीनों चाहने वाले एक ही स्थान पर हाज़िर थे। तीनों ही इस समय शहज़ादी की विशेष कृपा के इच्छुक थे।

बारहदरी समूची संगमरमर की बनी थी। उसका फर्श काले और सफेद पत्थर का बना था। दीवारों पर रंग-बिरंगे पत्थरों की सुन्दर पच्चीकारी की गयी थी। थोड़ी ऊँचाई पर कदे-आदम आईने लगे थे। फर्श पर नर्म ईरानी कालीन बिछे थे। उन पर हाथी दाँत के काम का छपरखट था, जिसके ऊपर, जरवफ्त का चंदोवा तना था, जिसमें मोतियों की झालर टँगी थी। पलंग पर मखमली गद्दा, तोशक और मसनदें लगी थीं, जिन पर गिहायत नफीस जरदोजी को काम हो रहा था। सामने

करीने से चौकियों पर ढेर के ढेर फूल, इत्र और अनेक प्रकार की सुगन्ध तथा श्रृंगार की वस्तुएँ रखी हुई थीं।

मसनद पर अलसायी देह लिये शहज़ादी अकेली बैठी थी। बाहर नंगी तलवार लिये तातारी बांदियों का पहरा था। इसी समय हँसते हुए दूल्हा भाई ने आकर सोने के प्याले में शीराजी पेश की।

बेगम ने आँखें तरेरकर कहा, "यह क्या? वह हमारी पसन्द की चीज़ अंगूरी शराब कहाँ है?"

"हजरत, एक प्याला इस शीराजी का भी तो पहले नोश फर्मा कर ईरान के बादशाह को ममनून कीजिए जिसने यह कीमती शराब बड़े शौक से काबुल के अमलदार के मार्फत हुज़ूर की खिदमत में भेजी है।"

"यह क्या हमारी उस नियामत से बढ़कर है जिसे खास हमारे हकीम अंगूर में गुलाब डालकर और मुकब्बी अदबियात मिलाकर तैयार करते हैं? तुम तो उस नियामत को चख चुके हो दूल्हा मियाँ!"

"हुज़ूर के तुफैल से, वह नायाब शराब मैंने पी है। बेशक उसका मुकाबला तो आबेहयात भी नहीं कर सकता। मगर हुज़ूर शहज़ादी, ज़रा उस कमबख्त शाहे-ईरान का भी तो दिल रखिए। बड़ी-बड़ी उम्मीदें बाँधकर उस मरदूद ने यह कीमती तोहफा भेजा है।"

शहज़ादी ने हँसकर कहा, "शाहे-अब्बास ऐसा बादशाह नहीं है जिसे मरदूद कहा जाए। बस, हमें

उसकी खातिर बसरोचश्म मंजूर है! इसके अलावा हम तुम्हें भी ममनून किया चाहती हैं। इसी से बखुशी यह प्याला मंजूर करती हैं!"

"शुक्र है खुदा का कि शहज़ादी को इस गुलाम का भी इस कदर ख़याल है, मैं तो एकदम नाउम्मीद हो गया था!"

"किस अम्र में?"

"जांबख्शी पाऊँ, तो अर्ज़ करूँ कि हुज़ूर शहज़ादी की नजरें-इनायत इस कमनसीब पर अब पहले जैसी नहीं हैं।"

"तो दूल्हा मियाँ, अब तुम बड़े भी हो गये, बच्चे नहीं हो! फिर हम तो तुमसे खुश हैं!"

शहज़ादी ने प्याला खाली किया और दूल्हा मियाँ ने उसे दुबारा भरकर शहज़ादी के आगे बढ़ाते हुए कहा, "बेअदबी माफ हो बेगम, गुलाम बड़ा हो तो यह खुदा की कारस्तानी है, कुछ गुलाम की तकसीर नहीं! और अब तो गुलाम को यह समझ भी आ गयी है कि हुज़ूर जो इस नाचीज पर खुश होने की इनायत करती हैं, वह बहुत नाकाफी है! जांनिसार ज्यादा की उम्मीद रखता है।"

शहज़ादी खिलखिलाकर हँस पड़ी। उसने कहा, "तो बेहतर है... तुम अपने दिल का इजहार खुलकर करो, हम उस पर गौर करेंगी।"

"तो अर्ज़ करता हूँ हुज़ूर शहज़ादी, कि उस तुर्क मरदूद नजावत खाँ की आँखें मुझे कतई पसन्द नहीं हैं, और न वह काफ़िर हिन्दू राजा मुझे पसन्द है जिसे आज सवारी के वक्त बीड़ा शाही इनायत करके और सवारी के साथ रहने का हक देकर सरफराज किया है।" उसने तीसरा प्याला शहज़ादी की ओर बढ़ाया।

शहज़ादी ने हँसती हई आँखों से उसकी ओर देखकर कहा, "वल्लाह, तो तुम इन दोनों नापसन्द आदमियों के साथ किस तरह पेश आना चाहते हो?"

"मैं दोनों से दो-दो हाथ करना चाहता हूँ। इश्क के मैदान में एक-दो-तीन नहीं रह सकते शहज़ादी!"

"बेहतर! तुम्हारी तजवीज़ हम पसन्द करती हैं और इस अम्र में उन दोनों बदबख्तों को जरूरी हुक्म देना चाहती हैं। बस, तुम अमीर नजावत खाँ को इसी वक्त हमारे हुज़ूर में भेज दो और खुद बइत्मीनान आराम करो!"

शहज़ादी ने मुस्कराकर दूल्हे मियाँ की ओर देखा। दूल्हा मियाँ, जो शहज़ादी की विनोद-वस्तु था और अपने को शहज़ादी के प्रेमियों में समझता था, इस बात से खुश नहीं हुआ। उसने धीरे से कहा, "क्या हुज़ूर शहज़ादी को एक प्याला अंगूरी शराब का पेश करूँ, जिसकी कि हुज़ूर हद दर्जे शौकीन हैं?"

"यकीनन वह प्याला दूल्हा मियाँ तुम्हारे हाथ से हम नोश फर्मायेंगे।"

दूल्हा खुश हो गया। उसने प्याला शहज़ादी को पेश किया और शहज़ादी ने प्याला हाथ में लेकर इशारे ही से उसे कह दिया कि हुक्म की तामील हो।

विवश दूल्हा मियाँ उस आनन्ददायक सोहबत को छोड़कर उठे और जाकर अमीर नजावत खाँ को बेगम का हुक्म सुना दिया। बेगम ने धीरे-धीरे प्याला खाली किया और मसनद पर लुढ़क गयी। इस वक्त वह मौज में थी और अच्छे-अच्छे विचार उसके हृदय को आनन्दित कर रहे थे। वह सोच रही थी, नम्बर एक रुख सत हुए और नम्बर दो की आमद है।

इसी समय नजावत खाँ ने आकर शहज़ादी को कोर्निश की और दोजानू होकर शहज़ादी के सामने बैठ गया। यद्यपि यह मुगल दस्तूर और अदब के विपरीत था, लेकिन प्यार-मुहब्बत के मामलों में अदब का लिहाज चलता नहीं है।

शहज़ादी ने अमीर को पान देकर कहा, "अमीर खुशवख्त, इत्मीनान से बैठिए।"

नजावत खाँ उसी तरह दोजानू बैठा रहा। उसने पान लेकर शहज़ादी को सलाम किया और कहा, "शहज़ादी, अब कब तक मैं जलता रहूँ?"

"तुम्हें तकलीफ क्या है दिलवर?"

"अब वादा पूरा होना चाहिए और शरअ की रू से इस नाचीज़ को शहज़ादी को प्यार करने का हक मिलना चाहिए।"

"ओह, तुम्हारा मकसद निकाह से है?" शहज़ादी ने एक फूल के गुच्छे से खेलते हुए कहा।

"बेशक, हुज़ूर शहज़ादी और वालिदे-अहद ने मुझसे वादे किये हैं।"

"लेकिन ये सब तो पुरानी बातें हैं जानेमन! मुगल शहज़ादियों की शादी नहीं होती है।"

"क्यों नहीं होती है?"

"क्या आपने नहीं सुना कि मामू शाइस्ता खाँ ने जहाँपनाह को इसकी वजह बताते हुए कहा था कि

अगर ऐसा हुआ तो जिस अमीर से शादी की जाएगी उसे शहज़ादों की बराबरी का रुतबा देना पड़ेगा?"

"लेकिन ख़ुदा के फजल से मैं भी बल्ख का शहज़ादा हूँ।"

"तो शहज़ादा साहेब, हमें इससे कब इन्कार है? हमारी नजरें-इनायत पर आप शाकी न हों।"

"शाकी नहीं।"

"मगर जो बात हो ही नहीं सकती उसके लिए हम बादशाह सलामत से अर्ज़ भी कैसे कर सकती हैं"

"लेकिन शहज़ादी, आप तो सल्तनत की मालिक हैं; जहाँपनाह क्या आपकी बात टाल सकते हैं?"

"फिर भी एक मनसबदार से हिन्दुस्तान के बादशाह की लड़की की शादी गैर मुमकिन है।"

"तो फिर गुनाह से फायदा?"

"क्या तमाम हिन्दुस्तान के बादशाह की शहज़ादी भी गुनाह कर सकती है?"

"शहज़ादी, हिन्दुस्तान के बादशाह के ऊपर एक दीनो-दुनिया का बादशाह है।"

"वह आम लोगों के लिए है-क्या यह भी कभी मुमकिन है कि मुगल शहज़ादी एक अदना मनसबदार की ताउम्र लौंडी बनकर रहे?"

"लेकिन शहज़ादी..."

"बस खामोश, हम ऐसी बात सुनने के आदी नहीं। बस, हम अपनी खुशी से जिस कदर इनायत तुम पर करें, उतने ही में आसूदा रहो।"

"मगर मेरी भी कुछ ख्वाहिशात हैं।"

"होंगी, हम फिलहाल इस अम्र पर गौर नहीं कर सकतीं। तुम्हारी इल्तजा से हमने आज यहाँ बारहदरी में मुकाम किया और तुमसे मुलाकात की। हम चाहती हैं कि आइन्दा अपने इरादों को काबू में रखो।"

"तो हुज़ूर, मेरी एक अर्ज़ है।"

"अर्ज़ करो।"

"मुझे भी अमीर मीरजुमला के साथ दकन भेज दीजिये। ताकि अपनी आँखों से मैं वह सब न देख सकूँ जिसे देखने का मैं आदी नहीं हूँ।"

"तुम्हारा मकसद क्या है?"

"शहज़ादी, वह काफ़िर हिन्दू राजा, जिसमें हुज़ूर खास दिलचस्पी ले रही हैं, मैं उसे कल कत्ल करूँगा और दकन चला जाऊँगा और फिर आपको मुँह न दिखाऊँगा।" नजावत खाँ तेजी से उठकर चल दिया।

बाहर आकर उसने देखा-खानज़ादा साहेब सामने हाज़िर हैं। खानज़ादा ने आगे बढ़कर कहा, "आदाब अर्ज़ है मनसबदार साहेब, कहिए शहज़ादी से शादी तय हो गयी?"

नजावत खाँ ने घृणा और क्रोध में भरकर कहा, "मरदूद, नामाकूल, तेरा सर धड़ से अलहदा करूँगा।"

"बखुशी, मनसबदार साहेब, मगर शादी का जुलूस देख लेने के बाद।" वह हँसता हुआ एक ओर चला गया और नजावत खाँ ताव-पेंच खाता दूसरी ओर।

शहज़ादी कुछ देर फूलों के एक गुलदस्ते को उछालती रही। कुछ देर बाद उसने दस्तक दी।

चाँदनी खूब चटख रही थी और बेगम अंगूरी शराब के नशे में मस्त थी। उसका शरीर मसनद पर अस्तव्यस्त पड़ा था। आँखें नशे में झूम रही थीं। उसकी प्यारी विश्वासिनी बांदी हुस्नबानू और खास ख्वाजासरा

रुस्तम उसकी खिदमत में हाज़िर थे। इस समय आधी रात बीत रही थी और ठण्डी सुगन्धित हवा चल रही थी। उसने एक बार घूर्णित नेत्रों से इधर-उधर देखा और रुस्तम की ओर रुख कर कहा :

"वह हिन्दू राजा चौकी पर मुस्तैद है न?"

"जी हाँ खुदावन्द!"

"तो उसे हमारे रू-ब-रू हाज़िर कर। अपनी मेहरबानियों से हम उसे सरफराज किया चाहती हैं।"

रुस्तम सिर झुकाकर चला गया। बेगम ने गर्दन झुकाकर हुस्नबानू की ओर तिरछी नज़र से देखा और कहा, "क्या तू उस हिन्दू राजा की बाबत कुछ जानती है?"

"सिर्फ इतना ही कि वह एक दयानतदार और नेक रईस है।"

"बस?"

"खूबसूरत और बाँका भी एक ही है।"

"हरामज़ादी, क्या तेरी तबीयत उस पर मायल है?" बेगम ने उत्तेजित होकर हाथ का गुलदस्ता बांदी पर दे मारा।

"बांदी ने ज़मीन तक झुककर बेगम को सलाम किया और कहा, "एक प्याला शीराजी दूँ सरकार?"

"दे। गुलाब और इस्तम्बोल भी मिला।"

बांदी ने स्वादिष्ट शराब का प्याला तैयार कर बेगम के हाथ में दिया।

शराब पीकर बेगम ने कहा, "तू किसी ऐसे मुसब्बिर को जानती है जिसने इस तेरे बांके हिन्दू छैला की तस्वीर बनायी हो?"

"जानती हूँ ख़ुदावन्द।"

"तो सुबह गुस्ल के बाद उसे मय तस्वीर के हाज़िर करना, जा भाग।"

बेगम ने प्याला फिर उस पर फेंका और मसनद पर उठंग गयी। इसी समय रुस्तम ने राव छत्रसाल के साथ आकर सलाम किया। छत्रसाल ने आगे बढ़कर बेगम को कोर्निश की।

बेगम ने तिरछी नज़र से ख्वाजासरा की ओर देखा। ख्वाजासरा चुपचाप सलाम करके वहाँ से खिसक गया। अब एकदम एकान्त पाकर बेगम ने कहा, "खुदा का शुक्र है, बैठ जाइये।" उसने मसनद की ओर इशारा किया। पर यह तरुण राजपूत एक कदम आगे बढ़कर ठिठककर खड़ा रह गया। उसने कहा, "शहज़ादी, बेहतर हो मुझे अपनी नौकरी बजाने का हुक्म हो जाए।"

"मेरे प्यारे राजा, यह तुम क्या कह रहे हो! तुम्हारी ऐसी ही बातों से मेरा दिल टुकड़े-टुकड़े हो जाता है।" शहज़ादी ने अपनी बड़ी-बड़ी आँखें उठाकर राजा की

ओर देखा और मीठे स्वर में कहा, "आज हम बहुत खुश हैं और उम्मीद है, उस चमेली-सी चटखती चाँदनी का लुत्फ़ उठाने में राव छत्रसाल दरेग न करेंगे।"

तरुण राजा अपनी जगह पर ही खड़ा रहा। शहज़ादी की शराब से लाल आँखें और भी लाल हो गयीं, परन्तु उसने मन के गुस्से को रोककर कहा, "जानेमन, हमारे पास यहाँ मसनद पर बैठकर हमें सेहत बख्शो।"

"मुझे अफसोस है शहज़ादी, मैं ऐसा नहीं कर सकता।"

"क्यों नहीं कर सकते दिलवर?"

"यह मेरे दीनो-ईमान के खिलाफ है।"

"लेकिन हमारी खुशी है, हम तुम्हें दिल से चाहती हैं।"

"मैं नाचीज राजपूत हुज़ूर शहज़ादी की इस इनायत का हकदार नहीं हैं।"

"तो तुम हमारी हुक्मउदूली की जुर्रत करते हो?"

"हुक्म दीजिए कि मैं चला जाऊँ।"

"इस चाँदनी रात में, इस फूलों से महकती फिजा में प्यारे राजा, क्या तुम नहीं जानते कि हम दिल से तुम्हें चाहती हैं, तुमसे दिली मुहब्बत रखती हैं? तुम्हें डर किस बात का है, जानेमन? कहो हम वही करें जिसमें तुम्हें खुशी हो।"

"शहज़ादी, मुझे चले जाने की इजाजत दीजिये और फिर कभी ऐसा कलमा जबान पर न लाइए-मैं यही चाहता हूँ।"

"और हमारी मोहब्बत?"

"उस पर शायद मनसबदार नजावत खाँ का हक है।"

"ओह, समझ गयीं। तुम्हें रश्क हो सकता है दिलवर, लेकिन हम तुम्हें चाहती हैं, सिर्फ तुम्हें। तुम मेरे दिलवर हो। जिस दिन मैंने पहली बार झरोखे से तुम्हें घोड़े पर सवार आते देखा-जिसकी टाप ज़मीन पर नहीं पड़ती थी और तुम उस पर पत्थर की मूर्ति की तरह अचल बैठे थे-तभी से तुम्हारी वह मूर्ति हमारे मन में बस गयी है दिलवर। उस दिन तुम्हें देख हम अपने को भूल गयीं। तभी से हमारा दिल बेचैन है। हम तुम्हें अपने आगोश में बैठाकर खुशहाल होना चाहती हैं। हरचन्द हमने तुम्हें बुलाया और तुमने इन्कार कर दिया मेरे खतूत और तोहफे तुमने लौटा दिये। आज हमने तुम्हें पाया है। अब हमारे पास आकर बैठो। हम अपने हाथ से तुम्हें इत्र लगाएँ, तुम्हें प्यार करें और अपने दिल की आग को बुझाएँ।"

"हज़रत बेगम साहिबा, इस वक्त आपकी तबीयत नासाज है, मैं जाता हूँ।"

बेगम शेरनी की तरह गरज उठी।

“तुम्हारी यह हिमाकत, हमारी आरजू और मुहब्बत को ठुकराओ! क्या तुम नहीं जानते कि हमारे गुस्से में पड़कर बड़ी से बड़ी ताकत को दोज़ख की आग में जलना पड़ता है।”

लेकिन राजा पर इस बात का भी कोई असर नहीं हुआ। उसने बेगम की किसी बात का जवाब नहीं दिया। उसने मस्तक झुकाकर बेगम का अभिवादन किया और तेजी से चल दिया बेगम पैर से कुचली हुई नागिन की भाँति फुफकारती हुई मसनद पर छटपटाने लगी।

राजा के बाहर आते ही दूल्हा ने सलाम करके हँसते हुए कहा, “मुबारक राजा साहेब, मुबाकर, शहज़ादी का प्रेम मुबारक।” राजा का हाथ तलवार की मूठ पर गया और दूल्हा भाई हँसता हुआ भाग गया।

सिंहगढ़

रात बहुत अंधेरी थी। रास्ता पहाड़ी और ऊबड़-खाबड़ था। आकाश पर बदली छाई हुई थी, और अभी कुछ देर पूर्व ज़ोर की वर्षा हो चुकी थी। जव ज़ोर की हवा से वृक्ष और बड़ी-बड़ी घास सांय-सांय करती थी, तब जंगल का सन्नाटा और भी भयानक मालूम होता था।

इस समय उस जंगल में दो घुड़सवार बढ़े चले जा रहे थे। दोनों के घोड़े खूब मज़बूत थे, पर वे पसीने से लथपथ थे। घोड़े पग-पग पर ठोकरें खाते थे, पर उन्हें ऐसे बीहड़ रास्तों में, ऐसे संकट के समय अपने स्वामी को ले जाने का अभ्यास था। सवार भी असाधारण धैर्यवान और वीर पुरुष थे। वे चुपचाप चल रहे थे। घोड़ों की टापों और उनकी प्रगति से कमर में लटकती हुई उनकी तलवारों और बों की खरखराहट उस सन्नाटे के पालम में एक भयपूर्ण रव उत्पन्न करती थी।

हठात् घोड़े ने एक ठोकर खाई, और एक मंद आर्तनाद अग्रगामी सवार के कान में पड़ा। उसने घोड़े की बाग खींचते हुए कहा-धांधूजी?

'महाराज!' पीछेवाला सवार क्षण-भर में अग्रगामी सवार के सन्निकट आ गया, और उसने बिजली की भांति अपनी तलवार खींच ली। अग्रगामी सवार का घोड़ा खड़ा हो गया था। उसने भी तलवार नंगी करके कहा-देखो, क्या है? घोड़े ने ठोकर खाई है, यह आर्तनाद कैसा है?

धांधूजी घोड़े से उतर पड़े, उन्होंने झुककर देखा और कहा-महाराज, एक मनुष्य है।

'क्या घायल है?'

'खून में लथपथ प्रतीत होता है।'

'जीवित है?'

इसी समय पड़े हुए व्यक्ति ने फिर आर्तनाद किया। महाराज उत्तर की प्रतीक्षा किए बिना ही घोड़े से कूद पड़े। उन्होंने धांधूजी को प्रकाश करने का आदेश दिया, और स्वयं मार्ग में पड़े व्यक्ति के सिरहाने घुटनों के बल बैठ गए। उन्होंने उसका सिर गोद में रख लिया, नाड़ी देखी, हृदय का स्पंदन देखा और कहा-जीवित है, पर मालूम होता है, बहुत घाव खाए हैं, रक्त बहुत निकल गया।

धांधूजी ने तब तक चकमक पत्थर से अबरख की बनी चोर-लालटेन जला ली थी। वे उसे घायल के मुख के पास लाए। देखकर कहा-अरे, बड़ा अल्प-वयस्क बालक है!

'परन्तु अंग में अनेक घाव हैं, मालूम होता है वीरतापूर्वक युद्ध किया है।'

मुमूर्षु ने प्रकाश और मनुष्य-मूर्ति को देखा, और जल का संकेत किया। महाराज ने स्वयं उसके मुख में जल डाला। जल पीकर उसने आंखें खोलीं, और क्षीण स्वर में कहा-आप कौन हैं प्राणरक्षक?-और फिर कुछ ठहरकर कहा-आप चाहे जो भी हों, यह प्राण और शरीर आपके हुए। उसके होंठों पर मंद हास्य की रेखा आई।

महाराज ने कहा-धांधूजी, इसका रक्त बन्द होना चाहिए। देखिए, सिर से अब तक रक्त बह रहा है। और, पार्श्व का यह घाव भी भयानक है-इसके बाद दोनों व्यक्तियों ने उसके सभी घाव बांधकर उसे स्वस्थ किया। फिर वे सलाह करने लगे अब इसे कहां ले जाया जाए? समय कम है और हमारा गंतव्य पथ लम्बा।

युवक ने स्वयं कहा-यदि मुझे घोड़े पर बैठा दिया जाए, तो मैं मज़े में चल सकूँगा।

'क्या निकट कोई गांव है?'

'है, पर एक कोस के लगभग है।'

'वहां कोई मित्र है?'

'हैं। वहां मेरी बहिन का घर था, बहनोई हैं।' युवक का स्वर कम्पित था।

महाराज ने कहा-बहिन नहीं है?

'नहीं।' युवक का कंठ अवरुद्ध हुआ। उसके नेत्रों से झरझर आंसू बहने लगे। वह फिर बोला-उसे आज तीसरे पहर विदा कराके घर ले पा रहा था। बहनोई उस बाग तक साथ आए थे। उन्हें लौटते देर न हुई, ज्योंही हम लोग इस खेड़े के निकट पहुंचे, कोई पांच सौ यवन सैनिकों ने धावा बोल दिया। मेरे साथ केवल आठ आदमी थे। शायद सभी मारे गए। मैंने यथासाध्य विरोध किया, पर कुछ न कर सका। वे बहिन का डोला ले गए। मैंने मूर्छित होने से प्रथम अच्छी तरह देखा, पर मैं तलवार पकड़ ही न सका, फिर मेरी तलवार टूट भी गई थी। युवक उद्वेग से मूर्छित हो गया।

महाराज ने होंठ चबाया। एक बार उन्होंने अपने सिंह के समान नेत्रों से उस चीर-लालटेन के प्रकाश में चारों ओर देखा-टूटी तलवार, वर्डा, दो-चार लाशें और रक्त की धार। उन्होंने युवक से कहा-तुम्हारे घर पर कौन है?

'वृद्धा विधवा माता।'

'गांव कौन है?'

'मौरावां।'

'आठ कोस होगा।'

'तुम्हारा नाम?'

'तानाजी।'

'घोड़े पर चढ़ सकोगे?'

'जी।'

महाराज और धांधूजी ने युवक को घोड़े पर लादा। धांधूजी उसके पीछे बठे, और महाराज भी अपने घोड़े पर सवार हुए। इस बार ये यात्री अपना पथ छोड़कर युवक के आदेशानुसार गांव की ओर बढ़े, पगडंडी सकरी और बहुत खराब थी। जगह-जगह पानी भरा था, पर जानवर सधे हुए और बहुत असील थे। गांव निकट आ गया। युवक के बताए मकान के द्वार पर जाकर धांधूजी ने थपकी दी। एक युवक ने आकर द्वार खोला। धांधूजी ने उसकी सहायता से घायल तानाजी को उतारकर घर में पहुंचाया। संक्षेप में दुर्घटना का हाल सुनकर गृह-पति मर्माहत हुआ। धांधूजी ने अवकाश न देखकर कहा-तुम लोग परसों इसी समय हमारे यहां आने की प्रतीक्षा करना और इस घटना का कहीं भी जिक्र न करनी।

तानाजी ने व्यग्र होकर कहा-महोदय, आपका परिचय? मैं किसके प्रति कृतज्ञ होऊ?

'छत्रपति हिन्दू-कुल-सूर्य महाराजाधिराज शिवाजी के प्रति।'

धांधूजी ने अव विलम्ब न किया, वे लपककर घोड़े पर चढ़े, और दोनों 'असाधारण सवार उस अंधकार में विलीन हो गए।

पूना से पश्चिम ओर, विंध्याचल-शृंग के एक दुरूह शिखर पर एक अति 'प्राचीन, शायद बौद्धकालीन गुफा है। उसके निकट घने वृक्षों का झुरमुट है। एक अमृत के समान मीठे पानी का झरना भी है। इसी गुफा के सम्मुख कोई एक तीर के अंतर पर एक विस्तृत मैदान है। उसे खास तौर पर साफ और समतल बनाया गया है।

वहां एक बलिष्ठ युवक बी फेंकने का अभ्यास कर रहा था। युवक गौरवर्ण, सुन्दर, ठिगना और लोहे के समान ठोस था। उसने अपने सुगठित हाथों में बर्जा उठाया और तौलकर एक वृक्ष को लक्ष्य करके फेंका। बर्खा वृक्ष को चीरता हुआ पार निकल गया। गम्भीर स्वर में किसी ने कहा-ठीक नहीं हुआ, तुम्हारा लक्ष्य चलित हो गया।

युवक ने माथे का पसीना पोंछकर पीछे फिरकर देखा। एक जटिल संन्यासी तीव्र दृष्टि से युवक को ताक रहे थे। युवक ने सिर झुका लिया। संन्यासी अग्रसर हुए। उन्होंने बर्छ को क्षण-भर तोला, और विद्युत-वेग से फेंक दिया। बर्खा स्थूल वृक्ष को चीरता हुआ क्षण-भर ही में धरती में घुस गया। उत्साहित होकर युवक ने एक ही झटके में बर्खा उखाड़ा, और महावेग से फेंका। इस बार बळ वृक्ष को चीरकर धरती में घुस गया। संन्यासी ने मुस्कराते हुए कहा-हां, यह कुछ हुआ। वत्स, मैं तो वृद्ध

हुआ, युवक-सा पौरुष कहां? हां, तुम अभी और भी स्फूर्ति उत्पन्न करो।

युवक ने गुरु के चरणों में प्रणाम किया, और दोनों ने तलवारें निकाल लीं। प्रथम मंद, फिर वेग और उसके बाद प्रचण्ड गति से दोनों गुरु-शिष्य तलवारें चलाने लगे, मानो बिजलियां टकरा रही हों। दोनों महाप्राण पुरुष पसीने से लथपथ हो गए। श्वास चढ़ गया, परन्तु उनका युद्ध-वेग कम न हुआ। दोनों ही चीते की भांति उछल-उछलकर वार कर रहे थे। तलवारें झनझना रही थीं। गुरु ने ललकारकर कहा-बेटे, लो, एक सच्चा वार तो करो। देखें शत्रु का तुम किस भांति हनन करोगे।

युवक ने प्रावेश में आकर संन्यासी के मोढ़े पर एक भरपूर वार किया। संन्यासी ने कतराकर एक जनेवा का हाथ जो दिया, तो युवक की तलवार झन्नाकर दस हाथ दूर जा पड़ी। संन्यासी ने युवक के कंठ पर तलवार रखकर कहा-वत्स, बस यही तुम्हारा कौशल है? इस समय शत्रु क्या तुम्हें जीवित छोड़ता?

युवक ने लज्जा से लाल होकर गुरु के चरण छुए, और फिर तलवार उठा ली। इस बार उसने अंधाधुन्ध वार किए, पर संन्यासी मानो विदेह पुरुष थे। उनका शरीर मानो दैव-कवच से रक्षित था। वह वार बचाते, युवक को सावधान करते और तत्काल उसके शरीर पर तलवार छुवा देते थे। अंत में युवक का दम बिलकुल फूल गया। उसने तलवार गुरु के चरणों में रख दी, और स्वयं भी लोट गया। गुरु ने उसे छाती से लगाया और

कहा-वत्स, आज ही श्रावणी पूर्णिमा है, महाराज अभी आते होंगे। आज तुम्हें इस संन्यासी को त्यागना होगा। और जिस पवित्र व्रत को तुमने लिया है, उसमें अग्रसर होना होगा। यद्यपि मैं जैसा चाहता था, वैसा तो नहीं, पर फिर भी तुम पृथ्वी पर अजेय योद्धा हो। तुम्हारी तलवार और बर्छे के सम्मुख कोई वीर स्थिर नहीं रह सकता। युवक फिर गुरु-चरणों में लोट गया। उसने कहा-प्रभो, अभी मुझे और कुछ सेवा करने दीजिए।

'नहीं वत्स, अभी तुम्हें बहुत कार्य करना है, उसकी साधना ही मेरी चरण-सेवा है।'

हठात् वज्र-ध्वनि हुई-छत्रपति महाराज शिवाजी की जय!

दोनों ने देखा, महाराज घोड़े से उतर रहे हैं। उन्होंने धीरे-धीरे पाकर संन्यासी की चरण-रज ली, और संन्यासी ने उन्हें उठाकर आशीर्वाद दिया। युवक ने आकर महाराज के सम्मुख घुटनों के बल बैठकर प्रणाम किया। महाराज ने कहा---युवक, आज वही श्रावणी पूर्णिमा है।

'जी।'

'आज उस घटना को तीन वर्ष हो गए, जब तुम्हें घायल करके शत्रु तुम्हारी बहिन को हरण करके ले गए थे, तुम्हें स्मरण है?'

'हां महाराज, और आपने मुझे जीवन-दान दिया था, मैंने यह प्राण और शरीर आपकी भेंट किए थे।'

'और तुमने प्रतिशोध की प्रतिज्ञा भी की थी?'

'जी हां।'

'मैंने तुम्हें गुरुजी की सेवा में तीन वर्ष के लिए इसलिए रखा था कि तुम शरीर, आत्मा और भावना से गम्भीर एवं दृढ़ बनो, तामसिक क्रोध का नाश करो, सात्विक तेज की ज्वाला से प्रज्वलित होओ।'

'हां महाराज, गुरु-कृपा से मैंने आत्मशुद्धि की है।'

'और अब तुम वैयक्तिक स्वार्थ के दास तो नहीं?'

'नहीं प्रभो।'

'प्रतिशोध लोगे?'

'अवश्य।'

'अपनी बहिन का?'

'नहीं, एक हिन्दू अबला के स्वतन्त्रता-हरण का, मर्यादारहित पाप का।'

'और तुममें वह शक्ति है?'

'गुरु-चरणों की कृपा और महाराज की छत्रछाया में मैं उसे प्राप्त करूंगा।'

'तुम्हारी तलवार में धार है?'

'और तुम्हारी कलाई में उसे धारण करने की शक्ति?'

'समय की प्रतीक्षा का धैर्य?'

'प्रतीक्षा का धैर्य?' युवक ने अधीर होकर कहा।

'हां, धैर्य!' महाराज ने कठोर स्वर में कहा।

युवक का मस्तक झुक गया, और उसके नेत्रों से आंसुओं की धारा बह चली। उसने कहा-महाराज, धैर्य तो नहीं है। वह महाराज के चरणों में गिर गया।

महाराज ने उठाकर उसे छाती से लगाया। वे संन्यासी की ओर देखकर हंस दिए। उन्होंने कहा-गुरुजी की क्या प्राज्ञा है?

'ताना तैयार है, मैंने उसे गुरु-दीक्षा दे दी है।' फिर कहा-युवक ने गुरु की ओर आंखें उठाईं। वे अब भी आंसुओं से तर थीं।

'शांत हो, देखो, सदैव कर्तव्य समझकर कार्य करना, फल की चिंतनान केरना।' युवक चुप रहा।

'यदि फल की आकांक्षा करोगे, तो धैर्य से च्युत हो जाओगे और कदाचित्क र्तव्य से भी।'

'प्रभो, मैं अपनी भूल समझ गया।'

'जागो पुत्र, महाराज की सेवा में रहो, विजयी बनो। भारत के दुर्भाग्य को नष्ट करो। नवीन जीवन, नवीन युग का प्रवर्तन करो। धर्म, नीति, मर्यादा और सामाजिक स्वातन्त्र्य के लिए प्राण और शरीर एवं स्वार्थों का विसर्जन करो।'

युवक ने गुरु-चरणों में मस्तक नवाया। संन्यासी के नेत्रों में आंसू आ गए। उन्होंने कहा-वत्स जानो, जागो। संन्यासी को अधिक प्राप्यायित न करो। वीतराग संन्यासी किसी के नहीं।

इसके बाद उन्होंने महाराज से एक संकेत किया। महाराज संन्यासी को अभिवादन कर घोड़े पर चढ़े। एक घोड़े पर युवक चढ़ा, और धीरे-धीरे वे उस पर्वत-शृंग से उतर चले।

संन्यासी शिलाखंड की भांति अचल रहकर उन्हें देखते रहे, जब तक कि वे आंख से ओझल नहीं हो गए।

ग्राम में बड़ा कोलाहल था। बालक धूम मचा रहे थे। और, विविध वस्त्र पहने स्त्री-पुरुष काम-काज में व्यस्त इधर से उधर दौड़-धूप कर रहे थे। तानाजी का विवाह था। द्वार पर नौबत झर रही थी। आगतजनों की काफी भीड़ थी।

सन्ध्या होने में अभी विलंब था। एक श्रमिक, शिथिल सांड़नी-सवार ने नगर में प्रवेश किया। थोड़े-से बालक कौतूहल-वश उसके पीछे हो लिए। ग्राम के चौराहे पर जाकर उसने अपनी बगल से छोटी-सी तुरही

निकालकर फूंकी। देखते-देखते दस-बीस नर-नारी और बहुत-से बालक एकत्र हो गए। सवार ने एक वृद्ध को लक्ष्य करके कहा मुझे तानाजी के मकान पर अभी पहुंचना है।

तुरन्त दस-पांच आदमी साथ हो लिए। सम्मुख ही तानाजी का घर था। वहां पहुंच कर उसने फिर तुरही बजाई। कोलाहल बन्द हो गया। सभी व्यग्र होकर आगंतुक को देखने लगे। उसने ज़रा उच्च स्वर से पुकारकर कहा-छत्रपति शिवा-जी महाराज की जय हो! मैं तानाजी के पास महाराज का अत्यावश्यक सन्देश लेकर आया हूं। अभी तत्क्षण तानाजी से मुलाकात न होने से महाराज विपत्ति में पड़ेंगे। उपस्थित जनमंडल ने चिल्लाकर कहा-छत्रपति महाराज की जय!

हल्दी से शरीर लपेटे, ब्याह का कंगना हाथ में बांधे तानाजी बाहर निकल आए। धावन ने उन्हें पत्र दिया। पत्र पढ़कर तानाजी क्षण-भर को विचलित हुए। इसके बाद ही उन्होंने अग्निमय नेत्रों से उपस्थित जनसमूह को देखा। वे उछल-कर एक ऊंचे स्थान पर चढ़ गए, और गम्भीर, उच्च स्वर से कहना प्रारम्भ किया सज्जनो! महावीर छत्रपति महाराज ने मुझे इसी क्षण बुलाया है। बीजापुर-शाह महाराज पर चढ़ दौड़े हैं। यह शरीर और प्राण महाराज का है। फिर बहिन के प्रतिशोध का भी यही महायोग है। मैं इसी क्षण जाऊंगा। आप लोग कल प्रातः-काल ही प्रस्थान करें। विवाह-समारोह अनिश्चित समय के लिए स्थगित किया गया।

तानाजी बिना उत्तर की प्रतीक्षा किए चीते की भांति उछलकर कूद पड़े, और घर में चले गए। कुछ ही क्षण बाद वह अपने प्यारे बर्छ और विशाल तलवार के साथ सज्जित होकर घोड़े पर सवार हुए। विवाह का आनन्द-समारोह स्तब्ध हो गया। पिता और गुरुजन को प्रणाम कर उन्होंने बढ़ते हुए संध्या के अंधकार में डूबते हुए सूर्य को लक्ष्य कर उन दुर्गम पर्वत-उपत्यकाओं में घोड़ा छोड़ दिया।

'महाराज की जय हो, मेरी एक विनती है।'

'क्या कहते हो?'

'बीजापुर की सेना परसों अवश्य ही दुर्ग पर आक्रमण करेगी।'

'सो तो सुन चुका हूं।'

'दुर्ग की पूरी मरम्मत नहीं हो पाई है, ऐसी दशा में वह आक्रमण न सह सकेगा।

'मालूम तो ऐसा ही होता है।'

'परन्तु कल सन्ध्या तक दुर्ग बिलकुल सुरक्षित हो जाएगा।'

'यह तो अच्छी बात है।'

'परन्तु महाराज, अपराध क्षमा हो।'

'कहो।'

'एक निवेदन है।'

'क्या?'

'केवल एक-एक मुट्ठी चना मेरे सैनिकों और मजदूरों को मिल जाए, तो फिर वे कल संध्या तक और कुछ नहीं चाहते।'

'यह तो तुम जानते ही हो, वह मैं न दे सकूँगा।'

तानाजी चुप रहे। महाराज भी चुप हो गए। वे चंचल गति से इधर-उधर घूमने लगे।

एक प्रहरी ने सम्मुख आकर कहा-महाराज, एक फिरंगी दुर्ग-द्वार पर उपस्थित है, दर्शनों की विनती करता है। महाराज ने चकित होकर कहा-फिरंगी? वह कहां से आया है?

'सूरत से आ रहा है।'

'साथ में कौन है?'

'दो सवार हैं।'

'क्या चाहता है?'

'महाराज से मुलाकात करना।'

क्षण-भर महाराज ने कुछ सोचा, इसके बाद तानाजी को आज्ञा दी-उसे महल के बाहरी कक्ष में ले आयो। तानाजी ने 'जो आज्ञा' कहकर प्रस्थान किया, और महाराज भी कुछ सोचते हुए महल की ओर चले गए।

'तुम्हारा देश कौन-सा है?'

'मैं फ्रांस देश का अधिवासी हूं।'

'क्या चाहते हो?'

'महाराज, मैं कुछ हथियार बीजापुर के बादशाह के हाथ बेचने लाया था, परन्तु यहां आने पर आपकी यशोगाथा का विस्तार प्रजा में सुनकर इच्छा होती है, वे हथियार मैं आपको दे दूं, यदि महाराज प्रसन्न हों। मेरे पास पचास तो छोटी विलायती तोपें, पांच हज़ार बंदूकें और इतनी ही तलवारें हैं। सभी हथियार फ्रांस देश के बने हुए हैं। और भी युद्ध-सामग्री है।'

महाराज ने मंद हास्य से पूछा-उनका मूल्य क्या है?

'महाराज को मैं यह सब दस लाख रुपये में दे दूंगा। यद्यपि माल बहुत अधिक मूल्य का है।'

महाराज की दृष्टि विचलित हुई। परन्तु उन्होंने दृढ़, गंभीर स्वर से कहा-मैं कल इसी समय इसका उत्तर दूंगा। अभी तुम विश्राम करो।

फिरंगी चला गया। महाराज अत्यन्त चंचल गति से टहलने लगे। रात्रि का अन्धकार आया। तानाजी मशालें लिए किले की मरम्मत में संलग्न थे। महाराज बुलाकर कहा-तानाजी, अब समय आ गया। अभी सारी सेना को तैयार होने का आदेश दे दो।

'जो आज्ञा महाराज, कूच कहां को करना होगा?'

'इस फिरंगी का जहाज़ लूटना होगा।'

तानाजी आंखें फाड़-फाड़कर देखने लगे। क्षण-भर बाद बोले-महाराज की जय हो! यह क्या आज्ञा दे रहे हैं?

महाराज ने लपककर तानाजी की कलाई कसकर पकड़ ली। उन्होंने कहा-युवक सेनापति! देखते हो, दुर्ग छिन्न-भिन्न और अरक्षित है। सेना के पास न शस्त्र, न घोड़े, और खजाने में इनको देने के लिए एक मुट्ठी चना भी नहीं। उधर विजयिनी यवन-सेना बीजापुर से धावा मारकर आ रही है। क्या मैं समय और उपाय रहते पिस मरूं? ये हथियार भवानी ने मुझे दिए हैं। छोड़गा कैसे? उस फिरंगी को कैद कर लो। उसे रुपया देकर मुक्त कर दिया जाएगा। जानो, सेना को अभी तैयार होने का आदेश दो। ठीक दो पहर रात्रि व्यतीत होते ही कूच होगा। तानाजी कुछ कह न सके। वह सेना को आदेश देने चल दिए। महाराज बैठे-बैठे ऊंघ रहे थे। पीछे दो शरीर रक्षक चुपचाप खड़े थे। ताना-जी ने सम्मुख पाकर कहा-महाराज की जय हो, कूच का समय हो गया है, सेना तैयार है।

महाराज चौंककर उठ बैठे। वे चमत्कृत थे। उन्होंने कहा-तानाजी?

'महाराज।'

'मुझे भवानी ने स्वप्न में आदेश दिया है।'

'वह कैसा आदेश है महाराज!'

'यह सम्मुख मन्दिर की पीठ दिखाई पड़ती है न?'

'हां, महाराज।

'अभी मैं बैठे-बैठे सो गया, इसमें वह जो मोखा है, उसमें से एक रत्नजटित गहनों से लदा हुआ हाथ निकलकर इसी स्थान की ओर संकेत करने लगा। मैंने स्पष्ट सुना, किसीने कहा-यहीं खोदो।'

'महाराज की क्या आज्ञा है?'

'भवानी का आदेश अवश्य पूरा होना चाहिए। उस स्थान को खुदवाओ।'

तत्काल चार बेलदारों ने खोदना प्रारम्भ किया। देखते-देखते बड़ा भारी गहरा गड्ढा हो गया। मिट्टी का ढेर लग गया। तानाजी ने ऊबकर कहा-महाराज, अब केवल एक पहर रात्रि रही है।

'ठहरो, क्या नीचे मिट्टी ही मिट्टी है?

भीतर से एक बेलदार ने चिल्लाकर कहा-महाराज! पत्थर पर कुदाल लगी है।

महाराज ने व्यग्र स्वर में कहा--सावधानी से खोदो।

'महाराज की जय हो! नीचे पटिया है। उसमें एक लोहे का भारी कुण्डा है।

'उसे बलपूर्वक उखाड़ लो।'

'महाराज, नीचे सीढ़ियां प्रतीत होती हैं। प्रकाश आना चाहिए।'

प्रकाश पाया। तानाजी नंगी तलवार लेकर गड्ढे में कूद गए। दो और भी वीर कूद गए। महाराज विकलता से खड़े गंभीर प्रतीक्षा करते रहे।

तानाजी ने बाहर आकर वस्त्रों की धूल झाड़ते हुए अपनी तलवार ऊंची की। और फिर तीन बार खूब ज़ोर से कहा-छत्रपति महाराज शिवाजी की जय! निकट खड़ी सेना प्रलय-गर्जन की भांति चिल्ला उठी-छत्रपति महाराज की जय!

इसके बाद तानाजी महाराज के निकट खड़े हो गए।

महाराज ने पूछा-भीतर क्या है?

'भवानी का प्रसाद है।'

'कितना है?'

'चालीस देगें मुहरों की भरी रखी हैं। चांदी के सिक्के भी इतने ही हैं। एक चांदी की संदूकची में बहुत-से रत्न हैं।'

महाराज एक बार प्रकंपित वाणी से चिल्ला उठे---जय भवानी माता की!

एक बार फिर वज्र-गर्जन हुआ। इसके बाद महाराज ने तानाजी को आदेश दिया-सेना को विश्राम की आज्ञा दी जाए। और सब खज़ाना सुरक्षित रूप से निकालकर तोशाखाने में दाखिल कर दिया जाए।

नगर के गण्य-मान्य जौहरी बैठे थे। वही चांदी की संदूकची सम्मुख रखी थी। महाराज ने कहा-इसका क्या मूल्य है?

'महाराज, इसका मूल्य कूतना असंभव है। यह मोतियों की माला ही अकेली दस लाख से कम मूल्य की नहीं।'

महाराज ने उन्हें विदा करके उस फ्रेंच को बुलाकर कहा-क्या तुम इन रत्नों का कुछ मूल्य अंकित कर सकते हो?

फिरंगी रत्नों की राशि देखकर दंग रह गया। उसने बड़े ध्यान से मोतियों की माला को देखकर कहा-यदि महाराज की आज्ञा हो, तो मैं इस अकेली माला के बदले में अपने संपूर्ण हथियार दे सकता हूं।

महाराज मुस्कराए। उन्होंने कहा-इसे तुम रख लो, मेरे निकट यह कंकड़-पत्थर के समान है। वे सभी हथियार और सामग्री मुझे आज संध्या से पूर्व ही मिल जानी चाहिए।

'जो आज्ञा महाराज।' फिरंगी चला गया।

चोबदार ने प्रवेश करके कहा-महाराज की जय हो! एक चर सेवा में उपस्थित हुआ चाहता है।

'उसे अभी भेज दो।'

चर ने महाराज के चरणों में सिर झुकाया।

'तुम हो महाभद्र?'

'महाराज की जय हो, सेवक इसी क्षण सुसमाचार निवेदन किया चाहता है।'

'क्या समाचार है?'

'बीजापुर-शाह का खज़ाना इसी मार्ग से जा रहा है।'

'कितना खज़ाना है?'

'पैंतीस खच्चर मुहरें हैं।'

'सेना कितनी है?'

'पांच हजार।

'शेष सेना कहां है।'

'वह सिंहगढ़ में महाराज पर आक्रमण की तैयारी में सन्नद्ध है। खज़ाना पहुंचा, और आक्रमण हुआ।

'निश्चित रहो, खज़ाना वहां कभी न पहुंचेगा। जामो तानाजी को भेज दो, और स्वयं यह पता लगायो कि खजाना आज दो पहर रात तक कहां पहुंचेगा।'

'जो आज्ञा।' कहकर चर ने प्रस्थान किया।

क्षण-भर बाद तानाजी ने प्रवेश कर कहा-महाराज की क्या आज्ञा है?

'क्या वे सब हथियार मिल गए?'

'जी महाराज!'

'तोपें कैसी हैं?'

'अत्युत्तम, वे सभी बुर्जियों पर चढ़ा दी गईं।'

'बंदूकें?'

'सब नई और उत्तम हैं। सब बंदूकें, बर्छे और तलवारें भी बांट दी गई हैं।'

'तुम्हारे पास कुल कितने घुड़सवार हैं?'

'सिर्फ पांच सौ।'

'शेष।'

'शेष सब अशिक्षित किसानों की भीड़ है। उन्हें शस्त्र अवश्य मिल गए हैं, परन्तु उन्हें चलाना कदाचित् वे नहीं जानते।'

'बहुत ठीक, बीजापुर-शाह का खज़ाना सिंहगढ़ जा रहा है। वह अवश्य वहां न पहुंचकर यहां आना चाहिए। परन्तु उसके साथ पांच हज़ार चुने हुए सवार

हैं। तुम अभी पांच सौ सैनिक लेकर उनपर धावा बोल दो।'

'जो आज्ञा।'

'परन्तु युद्ध न करना, जैसे बने, उन्हें आगे बढ़ने में बाधा देना।'

'जो आज्ञा।'

'मैं प्रभात होते-होते समस्त पैदल सेनासहित तुमसे मिल जाऊंगा।'

'जो आज्ञा।'

तानाजी ने तत्काल कूच कर दिया।

दुपहरी की तीव्र सूर्य-किरणों में धूल उड़ती देखकर यवन सैनिक सजग हो गए। उनके सरदार ने ललकारकर व्यूह-रचना की, और खच्चरों को खास इन्तबाम में रखकर मोर्चेबन्दी पर डट गए। कूच रोक दिया गया।

तानाजी धुआंधार बढ़े चले आ रहे थे। दोपहर होते-होते ही उन्होंने खज़ाना धर दबाया था। उन्होंने देखा, यवन-दल कूच रोककर, मोर्चा बांधकर युद्ध-सन्नद्ध हो गया है। तानाजी ने भी आक्रमण रोककर वहीं मोर्चा डाल दिया। यवनदल ने देखा-शत्रु जो धावा बोलता हुआ पीछा कर रहा था, आक्रमण न करके वहीं मोर्चा बांधकर रुक गया है। इसके क्या माने? यवन-सेनापति ने स्वयं आक्रमण कर दिया।

यवनसेना को लौटकर धावा करते देख तानाजी ने शीघ्रता से पीछे हटना प्रारम्भ कर दिया। दो-तीन मील तक पीछा करने पर भी जब शत्रु भागता ही चला गया, तब यवन सेनापति ने आक्रमण रोककर सेना की श्रृंखला बना फिर कूच कर दिया।

परन्तु यह देखते ही तानाजी फिर लौटकर यवन सेना का पीछा करने लगे। यवन सेनापति ने यह देखा। उसने सोचा, डाकू घात लगाने की चिन्ता में हैं। उसने क्रुद्ध होकर फिर एक बार लौटकर धावा किया, पर तानाजी फिर लौटकर भाग चले।

संध्या-काल हो गया। यवन सेनापति ने खीजकर कहा-ये पहाड़ी चूहे न लड़ते हैं और न भागते हैं, अवश्य अन्य सेना की प्रतीक्षा में हैं। साथ ही कम भी हैं। अतः उसने व्यवस्था की कि तीन हजार सेना के साथ खज़ाना आगे बढ़े और दो हजार सेना इन डाकुओं को यहां रोके रहे। इस व्यवस्था से आधी सेना के साथ खज़ाना आगे बढ़ गया। शेष दो हजार सैनिकों ने वेग से तानाजी पर आक्रमण किया। तानाजी बड़ी फुर्ती से पीछे हटने लगे। धीरे-धीरे अंधकार हो गया। यवन-दल लौट गया। परन्तु चतुर तानाजी समझ गए कि खज़ाना आगे बढ़ गया है। वे उपाय सोचने लगे। एक सिपाही ने घोड़े से उतरकर तानाजी की रकाव पकड़ी। तानाजी ने कहा-क्या है?

'आप जो सोच रहे हैं, उसका उपाय मैं जानता हूं।'

'क्या उपाय है?'

'यहां से बीस कोस पर एक गांव है।'

'फिर?'

'वहां मेरे बहुत सम्बन्धी हैं।'

'अच्छा।'

'उस गांव के पास एक घाटी है, जिसके दोनों ओर दुरूह, ऊंचे पर्वत हैं, और बीच में सिर्फ दो सवारों के गुज़रने योग्य जगह है। यह घाटी लगभग पौन मील लम्बी है।'

तानाजी ने विचलित होकर कहा-तुम चाहते क्या हो?

'यवन सेना वहां प्रातःकाल पहुंचेगी।'

'अच्छा फिर?'

'मैं एक मार्ग जानता हूं, जिससे मैं पहर रात्रि गए वहां पहुंच सकता हूं। श्रीमान्, मुझे केवल पचास सवार दीजिए। मैं गांववालों को मिला लूंगा, और घाटी का द्वार रोक लूंगा। यवनदल रक्षा की धारणा से तुरन्त घाटी में प्रवेश करेगा। पीछे से आप घाटी के मुख को रोक लीजिए। शत्रु चूहेदानी में मूसे के समान फंस जाएंगे।'

तानाजी गम्भीरतापूर्वक सोचने लगे। अन्त में उन्होंने कहा-मैं तुम्हारी तजवीज़ पसन्द करता हूं। पचास सैनिक चुन लो सिपाही ने पचास सैनिक चुनकर

चुपचाप खेत की पगडंडी का रास्ता लिया। तानाजी ने यवनदल पर फिर आक्रमण करने की तैयारी की।

स्तब्ध रात्रि के सन्नाटे को चीरकर तुरही का शब्द हुआ। सोए हुए ग्रामवासी हड़बड़ाकर उठ बैठे। देखा, ग्राम के बाहर थोड़े-से घुड़सवार खड़े हैं।

गांव के पटेल ने भयभीत होकर पूछा-तुम लोग कौन हो, और क्या चाहते हो?

सैनिकों ने चिल्लाकर कहा-हिन्दू-धर्म-रक्षक छत्रपति महाराज शिवाजी की जय!

गांव के निवासी भी चिल्ला उठे-जय, महाराज शिवाजी की जय!

एक सवार तीर की भांति दौड़कर ग्रामवासियों के निकट आया। उसने कहा-सावधान रहो, छत्रपति महाराज शिवाजी ने हिन्दू धर्म के उद्धार का बीड़ा उठाया है। वे साक्षात् शिव के अवतार हैं। आज सूर्योदय होते ही तुम्हें उनके दर्शन होंगे।

यह सुनते ही ग्रामवासी चिल्ला उठे-महाराज शिवाजी की जय।

'पर सुनो, आज इस गांव की परीक्षा है। भाइयो, यवन सेना इधर को आ रही है। आज इसी गांव में उनका अंत होगा, और वीरता का सेहरा इस गांव के नाम बंधेगा।'

ग्रामवासियों ने उत्साह से कहा-हम तैयार हैं, हम प्राण देंगे।

'भाइयो, हमारी विजय होगी। प्राण देने की आवश्यकता नहीं। अभी दोपहर का समय हमें है। आओ, घाटी का उस पार का द्वार वृक्षों और पत्थरों से बंद कर दें और सब लोग पर्वतों पर चढ़कर छिप बैठे। बड़े-बड़े पत्थर इकट्ठे रखें, ज्योंही यवनदल घाटी में घुसे, देखते रहो। जब सब सेना घाटी में पहुंच जाए, ऊपर से पत्थरों की भारी मार करो। पीछे के मार्ग को महाराज शिवाजी स्वयं रोकेंगे।' समस्त गांव जय शिवाजी महाराज कहकर कार्य में जुट गया।

प्रातःकाल होने से पूर्व ही यवन दल तेज़ी से घाटी में घुसा। तानाजी पीछे धावा मारते आ रहे हैं, यह वे जानते थे। घाटी पार करने पर वे सुरक्षित रहेंगे, इसका उन्हें विश्वास था। परन्तु एकबारगी ही आगे बढ़ती हुई सेना की गति रुक गई। बड़ी गड़बड़ी फैली। कहां क्या हुआ, यह किसीने नहीं जाना। परन्तु घाटी का द्वार भारी-भारी पत्थरों और बड़े-बड़े वृक्षों को काटकर बन्द कर दिया गया था। उसके बाहर खड़े ग्रामवासी और सवार दरारों के द्वारा तीर छोड़ रहे थे। सारी यवन सेना में गड़बड़ी फैल गई। यवन सेनापति ने पीछे लौटने की आज्ञा दी। परन्तु अरे! यहां तानाजी की सेना मुस्तैदी से खड़ी तीर फेंक रही थी। अब एक और भारी विपत्ति आई। ऊपर से अगणित बाणों की वर्षा होने लगी, और भारी-भारी पत्थर लुढ़कने लगे। घोड़े, खच्चर, सिपाही सभी चकनाचूर होने लगे। भयानक चीत्कार मच गया।

मुहाने पर दो-चार सिपाही पाकर युद्ध करके कट गिरते थे। लाशों का ढेर हो रहा था।

यवन सेनापति ने देखा, प्राण बचने का कोई मार्ग नहीं। सहस्रों सिपाही मर चुके थे। जो थे, वे क्षण-क्षण पर मर रहे थे। उसने तानाजी से कहला भेजा, खज़ाना ले लीजिए और हमारी जान बख्श दीजिए।

तानाजी ने हंसकर कहा--जान बख्श दी जाएगी, पर खज़ाना, हथियार और घोड़े तीनों चीजें देनी होंगी।-विवश यही किया गया।

एक-एक मुगल सिपाही आता, घोड़ा और हथियार रखकर एक ओर चल देता। ग्रामवासियों ने मार बन्द कर दी थी। बहुत कम यवन सैनिक प्राण बचा सके। घोड़े, शस्त्र और खज़ाना तानाजी ने कब्जे में कर लिया। सूर्य की लाल-लाल किरणे पूर्व में उदय हुईं। तानाजी ने देखा, दूर से गर्द का पर्वत उड़ा आता है। उन्होंने सभी ग्रामवासियों को एकत्र करके कहा--सावधान रहो, महाराज पा रहे हैं।

महाराज ने घोड़े से उतरकर तानाजी को गले से लगा लिया। ग्रामवासियों ने महाराज की पूजा की, और लूटा हुआ सभी माल लेकर शिवाजी अपने किले में लौटे। इस प्रकार संयोग, प्रारब्ध और उद्योग ने सोलह पहर के अंतर में ही असहाय महाराज शिवाजी को सर्व-साधन-सम्पन्न बना दिया, जिसके बल पर वे अपना महाराज्य कायम कर सके।

स्तब्ध रात्रि के सन्नाटे में सैनिकों का प्रशांत दल चुपचाप आगे बढ़ा जा रहा था। सकरी पगडंडी के दोनों ओर ऊंचे-ऊंचे सरकंडे के झाड़ खड़े थे। तारों के क्षीण प्रकाश में घोड़ों को कष्ट होता था, पर सेना की अबाध गति जारी थी।

हठात् सैनिक रुक गए। अग्रगामी सैनिक ने पंक्ति से पीछे हटकर कहा-

श्रीमान, बस यही स्थान है।

'आगे रास्ता नहीं?'

'नहीं श्रीमान।'

'तब यहां से क्या उपाय किया जाए?'

'इस ढालू चट्टान पर चढ़ना होगा।'

'यह बहुत कठिन है।'

'परन्तु दूसरा उपाय ही नहीं है।'

'तब चढ़ो।' सेनानायक चट्टान को दोनों हाथों से दृढ़ता से पकड़कर खड़ा हो गया।

देखते-देखते दूसरा सैनिक छलांग मारकर चट्टान पर हो रहा, और सेनानायक को खींच लिया। उस बीहड़ और सीधी खड़ी चट्टान पर धीरे-धीरे ये हठी सैनिक उस दुर्भेद्य अन्धकार में चढ़ने लगे। दुर्ग-प्राचीर के निकट आकर नायक ने कहा-अब रस्सियां चाहिए।

'रस्सियां उपस्थित हैं।'

रस्सियों को फेंककर प्राचीर के कंगूरे में अटका दिया गया। और क्षण-भर में नायक प्राचीर पर चढ़कर लेट गया। इसके बाद दूसरा और फिर तीसरा। इस प्रकार बारह सैनिक दुर्ग-प्राचीर पर चढ़कर, अवशिष्ट सैनिकों को समुचित आदेश देकर किले में उतर गए। दुर्ग में सन्नाटा था। सब चुपचाप दीवारों की छाया में छिपते हुए फाटक की ओर बढ़ रहे थे। फाटक पर प्रहरी असावधान थे। एक ने सजग होकर पुकारा-कौन?

दूसरे ही क्षण एक तलवार का भरपूर हाथ उसपर पड़ा। सभी प्रहरी सजग होकर आक्रमण करने लगे। देखते ही देखते किले में कोलाहल मच गया। जगह-जगह योद्धा शस्त्र बांधने और चिल्लाने लगे। मशालों के प्रकाश में इधर-उधर घूमने लगे।

बारहों व्यक्ति चारों ओर से घिर गए। परन्तु वे भीम वेग से फाटक की ओर बढ़ रहे थे। प्रहरी मन में भयभीत थे। तानाजी ने एक वार प्रचण्ड जयघोष किया और उछलकर फाटक पर चढ़ बैठे। बारहों साथियों ने शत्रुदल को तलवार के बल चीर डाला; और तानाजी ने साहस करके फाटक खोल दिया।

हर-हर महादेव करती हुई महाराष्ट्र-सेना किले में घुस पड़ी। बड़ा भारी घमासान मच गया। रुंड-मुंड डोलने लगे। घोड़ों की चीत्कार, योद्धाओं की ललकार और तलवारों की झनकार ने भयानक दृश्य उपस्थित कर दिया।

'तानाजी ने ललकार कहा-किधर है यवन सेनापति, जो मर्द की भांति युद्ध करे।

यवन सेनापति ने ज़ोर से कहा-काफिर, मैं यहां हूँ। सामने आ, गरीब सिपाहियों को क्यों काटता है।

तानाजी उछलकर सेनापति के सम्मुख गए। दोनों में घमासान युद्ध होने लगा। दोनों तलवार के धनी थे। मशालों के धुंधले प्रकाश में दोनों योद्धाओं का असाधारण युद्ध देखने को सेना स्तब्ध खड़ी हो गई। तानाजी ने कहा-सेनापति, पहले तुम वार करो, आज मैं तुम्हें मारूंगा।

'काफिर, अभी तेरे टुकड़े किए डालता हूं।' उसने तलवार का भरपूर वार किया।

'अरे यवन, आज बहुत दिन की साध पूरी होगी।' बदले में तलवार का जनेवा हाथ फेंकते हुए तानाजी ने कहा-लो।

सेनापति के मोढ़े पर तलवार लगी, और रक्त की धार बहने लगी। उसने तड़पकर एक हाथ तानाजी की जांघ में मारा। जांघ कट गई।

तानाजी ने गिरते-गिरते एक बर्छा सेनापति की छाती में पार कर दिया। दोनों वीर घोड़ों से गिर पड़े।

अब सेना में घमासान मच गया। उदयभानु की राजपूत सेना और यवन सेना परास्त हुई। सूर्योदय से पूर्व ही किले पर भगवा झंडा फहराने लगा।

लाशों के ढेर से तानाजी का शरीर निकाला गया। अभी तक उसमें प्राण था। थोड़े उपचार से होश में आकर उन्होंने कहा-क्या किला फतह हो गया?

'हां महाराज।

'यवन-सेनापति क्या जीवित हैं?'

यवन-सेनापति भी जीवित था। उसका शरीर भी वहीं था। तानाजी ने क्षीण स्वर में पुकारा-सेनापति!

'काफिर!'

'पहचानते हो?'

'दुश्मन को पहचानना क्या? तुम कौन हो?'

'पन्द्रह वर्ष प्रथम जिसे आक्रांत करके तुमने उसकी बहिन का हरण किया था।'

सेनापति उत्तेजना के मारे खड़ा हो गया। फिर धड़ाम से गिर गया, उसके मुख से निकला-तानाजी!

'आज बहिन का बदला मिल गया।'

यवन सेनापति मर रहा था, उसका श्वास ऊर्ध्वगत हो रहा था, और आंखें पथरा रही थीं। उसने टूटते स्वर में कहा-तुम्हारी हमशीरा और बच्चे इसी किले में हैं, उनकी हिफाज़त यवन सेनापति मर गया। तानाजी की दशा भी अच्छी नहीं थी, परन्तु ये शब्द उन्होंने सुन लिए। उन्होंने टूटते स्वर में कहा-महाराज से कहना, तानाजी ने जीवन सफल कर लिया। महाराज बहिन की रक्षा करें।

तानाजी ने अन्तिम श्वास लिया!

शुभ मुहूर्त में छत्रपति महाराज ने सिंहगढ़ में प्रवेश किया।

प्रांगण में विषण्ण-वदन सैनिक नीची गर्दन किए खड़े थे। घोड़े से उतरते हुए शिवाजी ने कहा-मेरा मित्र तानाजी कहां है?

एक अधिकारी ने गंभीर मुद्रा से कहा-वे वीर वहां बरामदे में श्रीमान की अभ्यर्थना को बैठे हैं।

अधिकारी रोता हुआ पीछे हट गया। महाराज ने पैदल आगे बढ़कर देखा। वह निश्चल मूर्ति सैकड़ों घाव छाती और शरीर पर खाकर वीरासन से विराजमान थी। महाराज की आंखों से टपाटप आंसू गिरने लगे। उन्होंने शोक- कंपित स्वर में कहा-सिंहगढ़ पाया, पर सिंह गया।

हल्दी घाटी में

वर्षा ऋतु थी, लेकिन पानी नहीं बरसता था। हवा बन्द थी। बहुत गर्मी और उमस थी। एक पहर दिन चढ़ चुका था। कभी-कभी धूप चमक जाती थी। आकाश में बादल छाये हुए थे। अरावली की पहाड़ियों में, हल्दी घाटी की दाहिनी ओर एक ऊँची चोटी पर, दो आदमी जल्दी-जल्दी अपने शरीर पर हथियार सजा रहे थे। एक आदमी बलिष्ठ शरीर, लम्बे कद, चौड़ी छाती वाला था। उसकी घनी और काली मूंछें ऊपर को चढ़ी हुई थीं और आँखें सुर्ख अंगारे की तरह दहक रही थीं। वह सिर से पैर तक फौलादी जिरह-बख्तर से सजा हुआ था। इस आदमी की उम्र कोई चालीस वर्ष की होगी। उसका बदन ताम्बे की भाँति दमक रहा था।

दूसरा आदमी भी लम्बे कद का था, किन्तु वह पहले आदमी की अपेक्षा दुबला-पतला था। वह अपनी

दाढ़ी को बीच में से चीरकर कानों में लपेटे हुए था। उसके सिर पर कुसुम रंग की पगड़ी बँधी हुई थी। उसके शरीर पर भी लोहे के जिरह बख्तर थे। एक बहुत बड़ी ढाल उसकी पीठ पर थी और दो सिरोहियाँ उसकी कमर में बँधी हुई थीं। पहला व्यक्ति अपने सिर पर फौलादी टोप पहने हुए था, परन्तु वह ठीक जंचता नहीं था। दूसरे व्यक्ति ने आगे बढ़कर कहा, "घणीखम्मा अन्नदाता! आज का दिन हमारे जीवन के लिए बहुत महत्त्व का है। यदि आज नहीं, तो फिर कभी नहीं!" उसने आगे बढ़कर पहले आदमी के झिलमिले टोप को ठीक तरह से कस दिया, और फिर एक विशालकाय भाला उठाकर उस व्यक्ति के हाथ में दे दिया।

पहले व्यक्ति ने मर्मभेदिनी दृष्टि से अपने साथी को देखा। उसने मज़बूती से अपनी मुट्ठी में भाले को पकड़ा और मेघगर्जना की भाँति गम्भीर स्वर में कहा, "ठाकरां, तुम ने ठीक कहा-आज नहीं तो फिर कभी नहीं!"

वह पहला व्यक्ति मेवाड़ का राणा, हिन्दू-पति प्रताप था और दूसरा सरदार ग्वालियर का रामसिंह तंवर था। सरदार ने अपनी कमर में दूध की भाँति सफेद पटका बाँधते हुए कहा, "अन्नदाता! आज हमारी तलवार अपनी बहुत दिनों की अभिलाषा पूरी करेगी। आज हम अपनी स्वाधीनता के युद्ध में अपने जीवन को सफल करेंगे, जीतकर या हारकर!"

प्रताप ने कहा, "बिलकुल ठीक, यही होगा! मैं आज उस भाग्यहीन राजपूत कुल-कलंक को, जिसने

अपनी वंश की आन को नहीं, राजपूत-मात्र के वंश को कलंकित किया है, इस अपराध के लिए दण्ड दूंगा!" वह एक बार फिर अपनी पूरी ऊँचाई तक तनकर खड़ा हो गया और उसने एक बार अपने उस विशालकाय भाले को अपने विशाल भुजदण्ड पर तौला।

सरदार ने अचानक चौंक कर कहा, "अन्नदाता! आपकी यह मणि तो यहीं पर रह गयी।" यह कहकर उसने पत्थर की चट्टान पर पड़ी हुई एक देदीप्यमान मणि उठाकर प्रताप के दाहिने भुजदण्ड पर बाँध दी। वह सूर्य के समान चमकती हुई मणि थी। उसे देख प्रताप ने हँसकर कहा "वाह, इस अमूल्य मणि को तो मैं भूल ही गया था! परन्तु ठाकरां, सच बात तो यह है कि अब भूलने के लिए मेरे पास बहुत कम चीजें रह गयी हैं।"

सरदार ने हाथ जोड़कर विनीत स्वर में कहा, "स्वामी, आपका जीवन और आपका यह भाला जब तक सुरक्षित है, तब तक आपको संसार की किसी बहुमूल्य वस्तु की चिन्ता करने की जरूरत नहीं। हमारे जीवन की सबसे बहुमूल्य वस्तु तो हमारी स्वतन्त्रता है! अगर हम उसकी रक्षा कर सकें, तो हमें ऐसी छोटी-मोटी मणियों की कोई आवश्यकता नहीं रहेगी।"

राणा ने मुस्कराकर वृद्ध सरदार की ओर देखा। सरदार बड़े मनोयोग से वह मणि राणा के दाहिने भुजदण्ड पर बाँध रहा था। प्रताप ने मुस्कराकर कहा, "किन्तु ठाकरां, क्या सचमुच आपको इस किंवदन्ती में विश्वास है कि जो कोई इस चमत्कारी मणि को पास में रखेगा, वह युद्ध में अजेय और सुरक्षित रहेगा!"

सरदार ने गम्भीरता से कहा, "अन्नदाता, बूढ़े लोगों से यही सुनते आये हैं!"

प्रताप ने एक बार फिर अपने भाले को हिलाया, "तब ठीक है, आज इस बात की परीक्षा हो जाएगी! परन्तु ठाकरां, इस बात का फैसला कैसे होगा कि इस मणि का प्रभाव सबसे अधिक है या मेरे इस मित्र का?" उसने गर्वपूर्ण दृष्टि से अपने भाले की तरफ देखा, उसे एक बार फिर हिलाया। सूर्य के उस धुन्धले प्रकाश में, उसकी बिजली के समान चमक उसकी आँखों में कौंध मार गयी। उसने अपने होठों को सम्पुट में कस लिया और एक बार फिर भाले को अपनी मुट्ठी में कसकर पकड़ा और कहा, "मेरे प्यारे सरदार, जब तक यह वज्रमणि मेरे हाथ में है, मुझे किसी दूसरी मणि की परवाह नहीं!"

पर्वत की उपत्यका से सहस्रों कण्ठ-स्वरों का जयघोष सुनाई पड़ा। राणा ने कहा, "सेना तैयार दीखती है। अब हम लोगों को भी चलना चाहिए।" वह आगे बढ़ा और बुड्ढा सरदार राणा के पीछे-पीछे।

बीस हज़ार राजपूत योद्धा उपत्यका के समतल मैदान में व्यूह-बद्ध खड़े थे। घोड़े हिनहिना रहे थे और योद्धाओं की तलवारें झनझना रही थीं। उस समय धूप कुछ तेज हो गयी थी, बादल फट गये थे, सुनहरी धूप में योद्धाओं के जिरह-बख्तर और उनके भालों की नोकें बिजली की तरह चमक रही थीं। वे सब लौह-पुरुष थे. युद्ध के सच्चे व्यवसायी. जो मृत्यु के साथ खेलते थे

और जिन्होंने जीवन को विजित कर लिया था। वे देश और जाति के पिता थे। वे वीरों के वंशधर थे और स्वयं भी वीर थे। वे अपनी लोहे की छाती की दीवारें बनाये निश्चल खड़े हुए थे। चारण और बन्दीगण कड़खे की ताल पर विरुद्ध गा रहे थे। धौंसे बज रहे थे। घोड़े और सिपाही-सभी उतावले हो रहे थे।

सेना के अग्रभाग में एक छोटा-सा हरियाली का मैदान था। उसमें 17 योद्धा सिर से पैर तक शस्त्रों से सजे हुए खड़े थे। उनके घोड़े उन्हीं के पास थे और वे सब भी जिरह-बख्तर से सुसज्जित थे। सेवक उनकी बागडोर पकड़े हुए थे। वे मेवाड़ के चुने हुए सरदार थे, जो अपने राणा की प्रतीक्षा में खड़े हुए थे।

सिंह की भाँति राणा ने उनके बीच पदार्पण किया। सहस्रों सरदार पृथ्वी पर झक गये। उनकी तलवारें खनखना उठीं और पीठ पर बंधी हई बड़ी ढालें हिल पड़ीं। सेना ने महाराणा को देखते ही वज्रध्वनि से जयघोष किया। प्रताप ने एक ऊँचे टीले पर खड़े होकर, अपने सरदारों और सेना को सम्बोधित करके कहा, "मेरे प्यारे वीरों के वंशधरो! आज हम वह कार्य करने जा रहे हैं, जिसे हमारे पूर्वजों ने हमेशा किया है। हम आज मरेंगे अथवा विजय प्राप्त करेंगे। हमारा इस युद्ध में कोई स्वार्थ नहीं है। हम केवल इसलिए युद्ध कर रहे हैं कि हमारी स्वतन्त्रता में हस्तक्षेप हो रहा है। क्या यहाँ पर कोई ऐसा राजपूत है, जो पराया गुलाम बना रहना पसन्द करे? उसे मेरी तरफ से छुट्टी है, वह अपना प्राण लेकर यहाँ से अलग हो जाए। परन्तु जिसने क्षत्राणी का

दूध पिया, उसके लिए आज जीवन का सबसे बड़ा दिन है! आज उसे अपने जीवन की सबके बड़ी साध पूरी करनी चाहिए।"

इसके बाद प्रताप ने एक ललकार उठायी और उच्च स्वर से पुकार-कर कहा, "वीरों! क्या तुम्हारे पास तलवारें हैं?" राणा ने फिर उसी तेजस्वी स्वर में कहा, "और तुम्हारी कलाइयों में उन्हें मजबूती से पकड़े रखने के लिए बल है?"

सेना ने जयनाद किया। हज़ारों कण्ठ चिल्लाकर बोले, "हम जीते जी और मर जाने पर भी अपनी तलवारों को नहीं छोड़ेंगे, हममें यथेष्ट बल है!"

राणा ने सतेज स्वर में कहा, "तब चलो! हम अपनी स्वाधीनता के युद्ध में अपने जीवन और अपने पुरखों के नाम को सार्थक करें।"

इस गगनभेदी वाणी से सारा वातावरण उत्साह से भर गया। प्रताप उछलकर घोड़े पर सवार हो गये और सरदारों ने तुरन्त उन्हें चारों ओर से घेर लिया। पहाड़ी नदी के तीव्र प्रवाह की भाँति वह लौह-पुरुषों का दल अग्रसर हुआ। धौंसा बज रहा था और कड़खे के ताल पर चारण और बन्दीगण सिपाहियों की प्रत्येक टुकड़ी के आगे उनके पूर्वजों की विरुदावलियाँ ओज-भरे शब्दों में गाते हुए चल रहे थे।

मुगल सैन्य एक लाख से अधिक था, जिसमें 60 हज़ार चुने हुए घुड़सवार थे। उसमें तुर्क, तातार, यवन,

ईरानी और पठान, सभी योद्धा थे। सवारों के पीछे हाथियों का दल था और उन पर धनुर्धारी योद्धा सवार थे। दाहिनी तरफ मानसिंह तीस हज़ार कछवाहों को लिये हुए खड़े थे, बायीं तरफ सेनापति मुज़फ्फर खाँ 30 हज़ार मुगलों के साथ था। हरावल में दस हज़ार चुने हुए पठानों की फौज थी। बीच में एक ऊँचे हाथी पर शहज़ादा सलीम अपने छह हज़ार शरीर-रक्षकों के साथ युद्ध की गतिविधि देख रहा था। दोनों सेनाएँ सामना होते ही भिड़ पड़ीं। प्रताप अपनी सेना के मध्य भाग में चल रहे थे। उनके दाहिने भाग में सलूंबरा सरदार थे और बायीं ओर विक्रमसिंह सोलंकी। प्रताप ने सोलंकी को शत्रु के बायें पक्ष पर जमकर आक्रमण करने की आज्ञा दी। इसके बाद तुरन्त ही उन्होंने सलूंबरा सदार को मुगल-पक्ष में दाहिनी ओर से घुस जाने का आदेश दिया, और फिर वह स्वयं तीर की भाँति अपने चुने हुए वीरों के साथ मुगल-सैन्य के हरावल पर टूट पड़े।

प्रताप का दुर्द्धर्ष वेग मुगल-सैन्य न सह सका। हरावल टूट गया और सेना के प्रबन्ध में तुरन्त गड़बड़ी पैदा हो गयी। सलीम ने अपनी सेना को भागते हुए देखकर अपने हाथी के पैरों में जंजीर डाल दी। शहज़ादे को दृढ़ता से खड़ा देखकर मुगल सेना फिर से लौट आयी। अब युद्ध का कोई बन्धन न रहा। तेगे से तेगा बज रहा था। दुधारें खड़क रही थीं, खून के फव्वारे बह निकले थे। घायलों और मरते हुओं का चीत्कार सुनकर कलेजा कॉपता था। वीर.योद्धा लोग दर्प से उन्मत्त होकर घायलों और अधमरों को अपने पैरों से

रौंदते हुए आगे बढ़ रहे थे। प्रताप अप्रतिम तेजस्वी और देदीप्यमान थे और वे दुर्द्धर्ष शौर्य से मुगल-सैन्य में घुसते जा रहे थे। सरदारों ने उनको रोकने के बहुत प्रयत्न किये, परन्तु उनका क्रोध निस्सीम था, वे बढ़ते ही चले गये। सरदारों ने उनके अनुगमन की चेष्टा की, परन्तु प्रताप उनसे दूर होते चले गये।

युद्ध का बहुत कठिन समय आ गया था। प्रताप के चारों तरफ लोथों के ढेर थे, परन्तु शत्रु उनकी तरफ उमड़े चले आ रहे थे। उनका चेतक हवा में उड़ रहा था। वे सलीम के हाथी के पास जा पहुंचे। उन्होंने चेतक को एड़ दी और उछलकर भाले का एक भरपूर हाथ हौदे में मारा। पीलवान मरकर हाथी की गर्दन पर झूल पड़ा। सलीम ने हौदे में छिपकर जान बचाई। फौलाद के मज़बूत हौदे में टक्कर खाकर प्रताप का भाला भन्ना-कर टूट पड़ा। प्रताप ने खींचकर दुधारा निकाल लिया। हज़ारों मुगल उनके चारों तरफ थे। हज़ारों चोटें उन पर पड़ रही थीं। प्रताप और उनका चेतक बराबर आगे बढ़ते चले जा रहे थे। प्रताप ने आँख उठाकर देखा तो वे अपनी सेना से बहुत दूर चले आये थे। उन्होंने जीवन की आशा छोड़ दी और दोनों हाथों से तलवारें चलाने लगे। लाशों का तूमार लग गया। चीख-चिल्लाहट के मारे आकाश रो उठा। प्रताप का सुनहरे काम का झिलमिला टोप धूप में सूर्य की भाँति चमक रहा था और उनके भजदण्ड में बँधा हुआ वह अमूल्य रत्न आँखों में चकाचौंध कर रहा था। इन्हीं चिह्नों से उन्हें पहचानकर मुगल यौद्धा उन पर टूट पड़े थे। प्रताप के शरीर में बहुत

घाव हो गये थे। वे शिथिल होते जा रहे थे। उनके शरीर का बहुत सारा रक्त निकल चुका था। उन्होंने थकित दृष्टि से अनन्त तक फैले हुए मुगल-सैन्य की ओर देखा, एक ठण्डी सांस ली और अपने हृदय में एक वेदना की टीस का अनुभव किया। अब वे मृत्यु से आँख-मिचौली खेल रहे थे।

सलूंबरा सरदार ने दूर से देखा। वे शत्रुओं के दाहिने पक्ष का लगभग बिलकुल विध्वंस कर चुके थे। कछवाहों से उन्होंने खूब लोहा लिया था। उन्होंने दूर से देखा, प्रताप का अकेला झिलमिला टोप और वह अमूल्य मणि मुगलों के अनन्त सैन्य-समुद्र में डूबती हुई नौका के समान एक क्षणिक झलक दिखा रहे हैं। उनके हृदय में हाहाकार मचने लगा। उन्होंने कहा, “अरे! मेवाड़ का सूर्य तो यहीं अस्त हो रहा है!” बुड्ढे बाघ ने अपने घोड़े को एड़ दी, उसकी बाग मोड़ी और अपने योद्धाओं को ललकारकर कहा, “हिन्दूपति महाराणा की जय हो! वह देखो, महाराणा ने शहजादे के हाथी को घेर लिया है। आओ चलो, आज हम प्राण देकर महाराणा का अनुगमन करें!” वीरों ने हुँकार भरी। बिजली की तरह तलवारें चमकने लगीं और तलवार के जादू से मुगल-सैन्य-वन में रास्ता बनने लगा। अमर वीरों की वह छोटी-सी टुकड़ी शत्रु-सेना को चीरती हुई क्षण-क्षण में महाराणा के निकट होने लगी। महाराणा का एक हाथ बिलकुल निकम्मा हो गया था। अब उनमें वार करने की ताकत नहीं थी, वह केवल अपना बचाव करते रहे थे। उनकी गर्दन कन्धे पर लटकने लगी। उन्हें

मुमूर्षु अवस्था में देखकर यवन सैन्य ने घनगरज ध्वनि से- 'अल्लाहो अकबर' का नारा लगाया और दूसरे ही क्षण वह नाद-'जय एकलिंग'-की वीर गर्जना में विलीन हो गया। एक बार फिर तलवारों के उस समुद्र में ज्वार आया। महाराणा ने सचेत होकर पीछे की ओर देखा- रंगीन पगड़ियाँ उनकी तरफ को लहराती हुई चली आ रही हैं। उन्होंने एक बार चेतक को ललकारा।

दूसरे ही क्षण किसी ने उनके सिर से वह झिलमिला टोप उतार लिया और एक दूसरी पगड़ी उनके सिर पर रख दी। वह अमूल्य मणि भी उनके भुजदण्ड से खोल ली गयी। महाराणा ने मुरझायी हई दृष्टि से देखा- सलूंबरा सरदार अपने घोड़े की बाग को दाँतों से पकड़े हुए उनका झिलमिला टोप अपने सिर पर रखे हुए हैं और उनकी वह मणि भी सरदार के दाहिने भुजदण्ड पर बंधी हुई है; और वह अपनी ओर उमड़ते हुए मुगलों को ढकेलते हुए आगे बढ़ रहे हैं।

प्रताप ने कहा, "ठाकरां! यह क्या?" सरदार ने दोनों हाथों से तलवार चलाते हुए कहा, "अन्नदाता! आज यह सेवक अपने नमक का हक अदा करेगा! आप हिन्दू कुल के सूर्य हैं, पीछे, को हटते जाइए। असमय में ही सूर्य का अस्त न होना चाहिए, जाइए स्वामी!"

सरदार ने अपने हाथ से चेतक की बाग मोड़ दी और वे उनको बीच में करके पीछे हटने लगे। लोहे की बेजोड़ मार चारों तरफ से पड़ रही थी, अपने-पराये की किसी को सुध नहीं रही थी। सलूंबरा सरदार बुड्ढे बाघ

की भाँति भयानक वेग से हाथ चला रहे थे। प्रताप ने थोड़ी देर विश्राम पाकर चैतन्य-लाभ किया। उन्होंने कंपित स्वर से कहा, "ठाकरां, आपके वंशजों को इस राज-सेवा का पुरस्कार मिलेगा!" प्रताप ने चेतक को एड़ दी और देखते-देखते वह युद्धक्षेत्र से बाहर हो गये।

झिलमिला टोप और मणि सलूंबरा सरदार के मस्तक और भुजदण्ड पर मुगल-सैन्य के बीच उसी प्रकार देदीप्यमान हो रहे थे और उसी प्रकार एक अजेय भुजदण्ड हज़ारों मुगलों के सिर काट रहा था। सारा यवन-दल- 'अल्लाहो अकबर' का जयनाद करता हुआ उसी झिलमिले टोप और देदीप्यमान मणि को लक्ष्य करके धावा कर रहा था। असंख्य शस्त्र उन पर टूट रहे थे। धीरे-धीरे जैसे सूर्य समुद्र में अस्त होता है, उसी तरह लहू से भरे हुए उस रण-समुद्र में वह देदीप्यमान मणि से पुरस्कृत वीर भुजदण्ड और उस प्रतापी झिलमिले टोप से सुरक्षित वह उन्नत मस्तक झुकता ही चला गया और अन्त में दृष्टि से ओझल हो गया।

युद्ध-क्षेत्र कई कोस पीछे रह गया था। एक नाले के किनारे प्रताप थकित भाव से एक पत्थर का सहारा लिये हुए पेड़ के पास पड़े थे और उनका चेतक वहीं पर पड़ा हुआ अन्तिम सांस ले रहा था। प्रताप ने अंजलि में जल लेकर मुमूर्षु चेतक के मुँह में डाला। उसने जल को कण्ठ से उतारकर एक बार अपनेस्वामी की ओर देखा और दम तोड़ दिया। वीरों का वंशधर वह प्रतापी राणा अपने प्रिय घोड़े से लिपटकर विलाप करने लगा। उसके घावों से रक्त बह रहा था और उसके अंग-अंग घावों से भरे हुए थे।

किसी ने पुकारा, "महाराज! आप जैसे वीर को इस असमय में कातर होने का अवसर नहीं है।"

प्रताप ने आँखें उठाकर देखा, उसके चिर-शत्रु भाई शक्तिसिंह थे।

प्रताप ने ज्वालामय नेत्रों से शक्तिसिंह की ओर देखा और कहा, "ऐ शक्तिसिंह, क्या तुम आज इस समय 11 वर्ष बाद अपने उस अपमान का बदला लेने आये हो? मैंने तुम्हें मुगलों के सैन्य में बहुत ढूंढ़ा। मेरे अपराधी तुम और मानसिंह थे, सलीम नहीं! तुम लोग राजपूत पिता के पुत्र होकर और राजपूतनी का दूध पीकर विधर्मी मुगलों के दास बने। मैं आज तुम दोनों राजपूत कुल-कलंकियों को मारकर अपनी जाति के कलंक को नष्ट करना चाहता था। लेकिन अब तुम देखते हो इस समय तो मैं खड़ा भी नहीं हो सकता! मेरा प्यारा सहचर भाला उस युद्ध में टूट गया, मेरी तलवार भी टूट गयी, अब मेरे पास कोई भी शस्त्र नहीं है! परन्तु तुम्हारे जैसे गुलाम गीदड़ सिंह को घायल समझकर उस पर आक्रमण करें-यह सम्भव नहीं! आओ, मैं मरने से पहले एक कलंकित राजपूत से पृथ्वी माता का उद्धार करूँ!"

प्रताप ने एक बार बल लगाकर उठने की चेष्टा की, पर वह उठ न सके। शक्तिसिंह ने तलवार फेंक दी। उन्होंने एक दूब का टुकड़ा वहीं से उठा लिया और उसको दाँतों में दबाकर दोनों हाथ जोड़कर वह आगे बढ़े। उन्होंने अपनी पगड़ी प्रताप के चरणों में रख दी

और कहा, "हिन्दूपति राणा! यह विश्वासघाती, कुल-कलंकी कभी अपने को आपका भाई कहने का साहस नहीं कर सकता! तलवार मेरे पास है, उसकी धार अभी तीखी है। लीजिये महाराणा, और अपने अपराधी को दण्ड दीजिये!"

उसने तलवार महाराणा के आगे रख दी और सिर झुकाकर उनके चरणों में पड़ गया। राणा की आँखों में आँसू उमड़ आये। उन्होंने गद्गद कण्ठ से कहा, "भाई शक्तिसिंह! मुझे माफ करो, मैंने तुम्हें समझा नहीं। परन्तु यदि युद्ध से पहले तुम मेरे सामने आकर ये शब्द कहते और आज मैं तुमको सच्चे सिसोदिया की तरह तलवार चलाकर मरते देखता, तो मुझे बहुत आनन्द होता!"

शक्तिसिंह ने कहा, "युद्ध के समय तक मेरा मन द्वेष के मैल से परिपूर्ण था और मैं मुगलों का एक सेनापति था। किन्तु जब मैंने आपको घायल और निःशस्त्र युद्ध से लौटते हुए देखा और देखा कि दो मुगल शत्रु आपका पीछा कर रहे हैं, तब मुझसे न रहा गया। माता का वह दूध जो हमने-आपने एक साथ पिया था, सजीव होकर उमड़ आया। मैंने सेना को त्याग कर उन मुगलों का पीछा किया और उन दोनों को मार गिराया। वह देखिये-नाले के पास दोनों मरे पड़े हैं! अब हिन्दूपति महाराणा, आपकी जय हो! यह तलवार कमर से बाँधिये और मेरा यह घोड़ा लीजिये; सामने की उस घाटी में चले जाइये। वहाँ मेरे विश्वस्त अनुचर हैं; आपके घावों का तुरन्त बन्दोबस्त हो जायेगा।"

प्रताप ने आश्चर्यचकित होकर कहा, "और तुम शक्तिसिंह?"

"महाराणा, मैं शहज़ादे सलीम के पास जाकर अपना अपराध स्वीकार करूँगा और उनसे कहूँगा कि वह मुझे अपने हाथी के पैरों से कुचलवाकर मार डालें; क्योंकि मैंने उनका सैनिक होकर उनके शत्रु की रक्षा की है!" शक्तिसिंह रुका नहीं, चल पड़ा।

प्रताप ने कहा, "भाई सुनो!"

शक्तिसिंह ने कहा, "महाराणा, मेरा अपराध बहुत भारी है! मैं कभी इस बात पर विश्वास नहीं कर सकता कि आप मुझे दण्ड दे सकते हैं। मैं यवन सेनापति से ही दण्ड चाहता हूँ।"

शक्तिसिंह चले गये। प्रताप ने अपने वीर भाई को पहचाना। बड़ी देर तक उनकी ओर देखते रहे। फिर भाई की दी हुई तलवार कमर में बाँधी और घोड़े पर चढ़कर चल दिये।

प्रातःकाल का समय था। महाराणा प्रताप पर्वत की एक गुफा में शिला पर बैठे हुए थे। पाँच सरदार उनके इर्द-गिर्द थे। उनके घाव अब अच्छे हो चले थे। वे शक्तिसिंह की बारम्बार प्रशंसा कर रहे थे। एक लम्बी मनुष्य-मूर्ति उस गुफा के द्वार पर आकर खड़ी हो गयी। वे शक्तिसिंह थे। प्रताप भुजा भरकर उनसे मिले । शक्तिसिंह ने वह मणि अपने वस्त्र में से निकाल कर प्रताप के सामने रखी और कहा, "महाराज! यह मणि

सलूंबरा सरदार ने मरते समय मुझे दी थी और वसीयत की थी कि मैं यह आपके हाथ में दूँ!"

इसके बाद उन्होंने सलूंबरा सरदार की वीरतापूर्ण मृत्यु का करुण वर्णन किया और वर्णन करते-करते रो पड़े।

उन्होंने महाराज से कहा, "मैं अनुताप की आग में जला जाता हूँ। आपके पास से लौटकर मैंने सलूंबरा सरदार को देखा, उस समय भी उनके शरीर में प्राण थे। जब उन्होंने सुना कि स्वामी की प्राण-रक्षा हो गयी तो उनके मुख पर मुस्कराहट आयी और उनके प्राण निकल गये। धन्य हैं वे वीर क्षत्रिय सरदार, जो इस तरह स्वामी के लिए प्राण देते हैं!"

"मैंने सलीम से अपना अपराध कह दिया था। परन्तु सलीम ने कोई दण्ड न देकर आपके पास जाने को कह दिया अब महाराज, आप मुझे दण्ड दीजिये।"

प्रताप ने अपने भाई का हाथ पकड़कर प्रेम से अपने निकट बैठाया, और समय फरमान जारी किया कि भविष्य में सलूंबरा सरदार के वंशधर, मेवाड़ की सेना के हरावल में रहेंगे और शक्तिसिंह के वंशज युद्धक्षेत्र में दाहिने पक्ष पर रहेंगे